JN334925

2

創作のヒミツ

左右社

2

The Secret Garden of Creative Writing

RIGHT/LEFT BOOKS

翻訳問答2

創作のヒミツ

鴻巣友季子 編著

目次

はじめのごあいさつ

片岡義男さんと『翻訳問答』を刊行した後、『翻訳問答　パート2』をやったらどうか、と片岡さんから提案がありました。てっきり、また片岡さんと対局するものと思ったら、「いや、僕はもういいから、だれか別の人と」とのこと。だったら、次は一人の方ではなく、何人か複数の方にお願いし、問答アンソロジーにしようということになりました。

お願いするのは翻訳を本職とする方ではなく、小説家。

でも、パート2もルールは基本的に変わりません。お互いが共通の外国語テキストを日本語に訳してもち寄る。相手の訳文は当日まで見られない。相手の指し手を知らないまま対局することになります。そして、原文、訳文の一語一句をめぐって、問答を繰り広げます。

しかしそこには、隠れた狙いが三つほどありました。

一つは前作と同じく、あくまで翻訳は一個の窓口として、そこから自在に世界を眺めていただくこと。

二つめに、今回は日本の古典文学の外国語訳から「訳し戻し」をおこない、翻訳という実践行為を通して、日本文学と日本語の再検証、再評価ができればという「下心」がありました。

三つめに、この「下心」がいちばん大きいかもしれないのですが、通常の文学対談とちがい、同一テキストからの翻訳という体験を共有することで、小説家の方々の意外な、生々しい本音といいますか、創作の秘密を覗き見ることができたら、と期待したのです。この期待は裏切られませんでした。ふつうの対談では、参加者は「評者」として登場し、話をするだけですが、翻訳問答ではその場でものを読み、解釈し、また自分で書きもします。「読み手」であり「評し手」であり「書き手」にならなくてはなりません。

このように今回はゲストの方々の創造の泉にふれたかったので、あまり厳密な原典解釈に終始しないよう、わたしは毎回文体を工夫してみました。〝ノーマルな訳文〟も併録しましたので、よかったらご覧ください。

原典について付記すると、奥泉光さんとは「吾輩は猫である」の英訳、円城塔さんとは「竹取物語」の英訳、角田光代さんとは「雪女」の英訳、水村美苗さんとは「嵐が丘」をそれぞれお互いに翻訳し、星野智幸さんの回は「アラビアンナイト」を取り上げ、星野さんはスペイン語訳から、私は英訳から翻訳しました。

片岡義男さんとの『翻訳問答』を出した際、「予定調和的な言葉のラリーは期待できない。むこうの打ったボールがコートを飛びだしていっても、隣の家の屋根まで拾いにいく覚悟が必要だった」と書きましたが、今回も、外国語に堪能なつわもの小説家の方々が打ち込む剛速球、変化球、魔球をレシーブするため、力いっぱい走りました。ときどき、こけたり滑ったりしていると思いますが、それも『翻訳問答』の妙味としてお楽しみいただければと思います。

鴻巣友季子

翻訳問答を進めるにあたって、次のようなルールを作りました。

一　二人があげた課題小説のなかから編集部が次回の課題と締切を提示する。
一　二人には訳す範囲のコピーしか与えられない。
一　対談当日まで既訳を参照してはならない。
一　おたがいの訳文は対談当日まで見ることは出来ない。

I AM A CAT

奥泉光

鴻巣友季子

奥泉光（おくいずみ・ひかる）
山形県生まれ。作家。1986年、すばる文学賞の最終候補作『地の鳥 天の魚群』を「すばる」に発表しデビュー。著作に『ノヴァーリスの引用』（野間文芸新人賞）、『石の来歴』（芥川賞）、『『吾輩は猫である』殺人事件』、『東京自叙伝』（谷崎潤一郎賞）ほか多数。翻訳書に『ノアのはこぶね』『クリスマスのおはなし』など。

ought to have been adorned with hair, was as smooth and slippery as a kettle. [6]I have seen many a cat in my day, but never have I come across one so deformed. [7]Not only that, the face protruded too much in the center; and from the two cavities of this projection, smoke puffed out now and then, making it hard for me to keep from choking. [8]That this smoke came from tobacco which man uses, did not come to my knowledge until quite recently.

[1]I sat comfortably for a few moments on this student's palm; then I began to feel myself in full motion. [2]Whether he was moving or I alone was being whirled, was more than I could tell. [3]At any rate, I felt fearfully giddy and qualmish, and began to prepare for the worst, when "thud!" came a sound, and sparks flew from my eyes. [4]As to what happened next my memory utterly fails me.

I AM A CAT

CHAPTER I

translated by Kan-ichi Ando

$_1$I am a cat; but as yet I have no name. $_2$Where I was born is entirely unknown to me. $_3$But this still dimly lives in my memory. $_4$I was mewing in a gloomy damp place, where I got the first sight of a creature called man. $_5$This human being, as I afterwards learned, belonged to the most brutal class of his race, known by the name of "students", who, as it is said, will not unfrequently seize, boil and devour us. $_6$But knowing at that time little of what he was like, I felt no fear in particular. $_7$Only when he lighted me lightly on his hand, I experienced a strange sensation of buoyancy passing through me. $_8$That was all.

$_1$It was at this instant that I, collecting myself a little, while thus perched on his palm, cast a glance at his face. $_2$This was my first contact with a human creature. $_3$I thought then how strange he looked. $_4$And I bear this impression to this day. $_5$To begin with, his face, which

『あいあむあキャット』

あ、猫です。名前はまだなし。生まれた所も全くわからず。ただ微かながらの記憶はあって、どこだか暗く湿った場所で、自分はミイミイ泣いて居ました。人間と云う生き物をはじめて見たのがそこ。後で知ったのですが、これは人間のなかで最も獰悪な、ガクセイと呼ばれる一種族。ガクセイはときに我々猫族を掴まえ、煮て喰らうと云う。が、そのときはガクセイがどんなものか知らぬから、別段恐いとも思わぬ。ただ、其奴の手の上で何か光をあてられたときには、ふわり浮き上がるような奇妙な感覚が通り抜けるのを経験しました。覚えているのはこれだけ。

で、このとき、ガクセイの掌中にあった自分は、少し落ち着いたところで其奴の顔を見た。つまりは人類との初の対面だ。なんて変梃なんだろう。自分はそう考えたが、印象はいまも変わらぬ。そもそも毛で飾られるべき顔面がつるつるなのがまるで薬缶だ。自分はこれまで数々の猫にまみえてきたけれど、こんな奇形な者には出会ったことがない。毛がないばかりではない。顔の中央が異様に出っ張っている。しかもこの突起物に穿たれた二つの穴から間欠的に煙が吹き出てくる。咽せないようにするのが大変だったが、これが人間の嗜む莨(たばこ)なるものから出る煙と知ったのはごく最近の話。

かくてしばらくはガクセイの掌に安座して居った。が、やがて猛然と動き出した。ガクセイが動くんだか、自分一人が回転しているんだか、どちらともわからぬ。とにかくひどく目眩がして吐き気がする。もう駄目だと覚悟を決めたとき、ドスンと音がして、目から火花が飛び出して——そのあとの出来事は全然覚えていません。

(奥泉光・訳)

『キャット・イン・ザ・ライ』

　こうして話を始めるとなると、君はまず最初に、僕がどこで生まれたとか、どんな毛むくじゃらの子ども時代を送ったとか、僕の両親は血統書付きだったのかとか、その手のディヴッド・カッパーフィールド的なしょうもないあれこれを知りたがるかもしれない。そうそう、すっかり言い忘れていたけれど、僕は猫なんだ。でも、なぜか名前はまだないんだな。やれやれ。

　自分がどこで生まれたとか、僕にはなにひとつ分からない。でも、なんて言うかな、ぼんやりとした記憶はあるんだ。たしか薄暗くてじめじめした所でミャーミャー鳴いていた。ちなみに、ここでニンゲンって生き物を初めて見ることになったんだよ。まあ、あとから聞いたところじゃ、こいつはその種族のなかでもめちゃくちゃ凶暴な部類で、「ガクセイ」って名前で呼ばれているらしい。なにしろ一説によれば、彼らは僕たち猫をとっ捕まえて、煮て食っちまうことも珍しくないって話さ。でも、その時はそいつのことはろくすっぽ知らないわけだし、とくに怖いとも思わなかったな。そいつにそっと手のひらに乗っけられてようやく、ふわふわするみたいな変てこな感じがした。それだけさ。

　手のひらにちょこんと乗ってけっこう落ち着いたところで、そいつの顔をちらっとでも見るのはこれが最初だった。ニンゲンとの初接触ってやつだ。それで、そのとき思ったんだ。なんて変ちくりんな見かけをしてるんだってね。まあ、この印象は今日の今日までぜんぜん変わらない。まず言うと、顔はふつう毛で飾られているはずだろう。なのに、そいつはまるでヤカンみたいに、つるっつるのすべっすべなんだよ、これが。これまでにそうとうたくさんの猫に出会ったけど、あんなに不格好なやつには出くわしたことがないな。それだけじゃないんだ。その顔というのがさ、真ん中にとてつもなく突き出ていて、この突起に空いた二つの穴からときどき煙が吹き出してくるものだから、僕としちゃ、しょっちゅう咽そうになる。参っちゃうね。この煙がニンゲンの吸うタバコってものから出るというのは、ごく最近になって初めて知ったよ。

僕はこのガクセイの手のひらでしばらく気持ちよく過ごした。と思ったら、出し抜けにものすごい勢いで動いている感じがしたんだ。やつが動いているのか、僕ひとりがぐるぐる回されているのか分からない。ともかくも、恐ろしく目が回ってむかむかして、最悪の展開を覚悟し始めたとき、「ドサッ」と音がして、目から火花が散った。冗談抜きでさ。その次になにが起きたのかは、さっぱり思いだせないんだ。

（鴻巣友季子・訳）

村上春樹訳「キャッチャー・イン・ザ・ライ」風文体

『わたし、猫なんです』

第一章

　わたし、猫なんですよ。もっとも名前はまだありませんけど。どこで生まれたのかも、さっぱりわかりません。けど、そのときのことは、今でもうすぼんやり覚えています。じめっとした陰気な場所でミィミィ鳴いていたら、ここで初めて人間と呼ばれる生き物を初めて見ることになりました。この人がですね、後になって知りましたけど、人間という種族のなかでもいっとう荒っぽい類（たぐい）だったんです。「モンティ」と呼ばれる連中で、わたしらを捕まえては煮て喰うこともしばしばとか。でも、そのときはどういうやつか知る由もないので、とくに怖いとも思いませんでした。手のひらにのっけられてようやく、なんだかフワッと浮くような感じを覚えた。それだけです。

　掌に落ち着いてから、このとき初めてちらっと彼の顔を見ましたね。まあ、わたしにとって人間との初遭遇はこんな感じでした。そうやって見ると、改めて変ちくりんな姿形（すがた）と思いましたよ。その印象はこんにちまで変わりません。まず、顔ですが、毛でうるわしく飾られているはずが、なんだかヤカンみたいにつるんとしている。これまでずいぶん色んな猫に出会ってきましたが、こんなけったいなやつは見たことがない。問題は毛だけじゃなくて、顔の真ん中がやけに飛び出していて、この突起物に空いた二つの穴から、ときどき煙が出てくるものだから、咽（むせ）てしまって仕様がない。この煙を出しているのは、やつが使用しているタバコなるものだそうで、これはつい最近になって知りました。

　それで、このモンティの手のひらでしばしくつろいでいました。と、いきなりすごいスピードで移動していく感じがした。やつが動いているのか、わたしだけがぐるぐるまわっているのか、よくわかりません。とにかく、恐ろしく頭がくらくらして、むかついて、もう駄目だと観念しかけたところで、ドサッと音がして、目から火花が散った。そのあとどうなったのか、これがまったく記憶にないんですよ。

（鴻巣友季子・訳）

ノーマル翻訳バージョン

吾輩は猫である

夏目漱石

吾輩は猫である。名前はまだ無い。

どこで生れたか頓と見当がつかぬ。何でも薄暗いじめじめした所でニャー〳〵泣いて居た事だけは記憶している。吾輩はこゝで始めて人間といふものを見た。然もあとで聞くとそれは書生といふ人間中で一番獰悪な種族であったさうだ。此書生といふのは時々我々を捕て煮て食ふといふ話である。然し其当時は何といふ考もなかつたから別段恐しいとも思はなかつた。但彼の掌に載せられてスーと持ち上げられた時何だかフハフハした感じが有った許りである。掌の上で少し落ちついて書生の顔を見たのが所謂人間というものゝ見始であろう。この時妙なものだと思つた感じが今でも残つて居る。第一毛を以って装飾されべき筈の顔がつる〳〵してまるで薬缶だ。其後猫にもだいぶ逢つたがこんな片輪には一度も出会はした事がない。のみならず顔の真中があまりに突起して居る。そうして其穴の中から時々ぷう〳〵と烟を吹く。どうも咽せぽくて実に弱った。是が人間の飲む烟草というものである事は漸く此頃知つた。

此書生の掌の裏でしばらくはよい心持に坐つて居つたが暫くすると非常な速力で運転し始めた。書生が動くのか自分丈が動くのか分らないが無暗に眼が廻る。胸が悪くなる。到底助からないと思つて居るとどさりと音がして眼から火が出た。夫迄は記憶して居るがあとは何の事やらいくら考へ出さうとしても分らない。

鴻巣　わぁぁ、冒頭は「あ、猫です」ですか。私、これやりたかったなあ。I am a cat. の一文を見てすぐに浮かんだのは「『吾輩』はどこへ消えたの!?」という疑問です。

奥泉　そういう衝撃はありますよね。

鴻巣　『吾輩は猫である』は「吾輩」という独特の一人称代名詞から導きだされる物語だと思っています。ところが、I am a cat. にはその気配がまったくない。奥泉さんみたいに、もういっそ「I」を無視しようとしましたが、結局挫折しました(笑)。

奥泉　日本語の一人称は多様で「I」とはぜんぜんちがいますからね。訳すことがひじょうに困難です。I am a cat. を見てふつう「吾輩」とは訳さないですよ。

鴻巣　この英文は構文的にも文法的にもそんなに古くないので、いまから百三十年以上遡る漱石の文章に辿り着くのはほとんど不可能です。「I」を「吾輩」と訳す手がかりがない。

翻訳は原文と等価のものだというまやかしの前提があります。仮に等価のものならば、この英訳を日本語に訳し直せば漱石の文章に戻るはずですが、そうなりようがない。この還元訳（戻り訳）は原文と翻訳の等価性という〝ウソ〟を見せてくれます。

奥泉　まやかしと言っては身もふたもないけれど、翻訳が原文と等価でないことは当然です。翻訳には根本的に限界がある。不可能な部分を、翻訳者が無理矢理突破するのだから、原文とはちがうものになるのが自然です。I am a cat. これは訳すのに苦労したなあ。二時間以上考えました。ふつうだったら「私は猫です」とか「私は猫だ」になりますが、そこまで「I」に大きさがない気がしたんです。「I」がとても小さく見える。小さく見えませんか？「I」を「吾輩」とでっかく訳すことは到底できません。インド・ヨーロッパ語は人称代名詞にあまり大きさがありませんし、古典ギリシャ語ならば人称代名詞をわざわざ提示しない。

鴻巣　ラテン語、スペイン語などもそうですね。

奥泉　その代わりに動詞変化に力点がある言語です。

鴻巣　同じように、三〜四語から成るシンプルな一文から膨大な物語がはじまる小説としてメルヴィル『白鯨』があります。冒頭は Call me Ishmael. です。ところが、Call me Ishmael. の me をわざわざ訳した翻訳を思い出せません。「イシュマイルと呼んでくれ」であって、「私をイシュマイルと呼んでくれ」とは訳さない。これは英語の人称代名詞をいちいち日本語にすると、そこで文章がブロックされてしまうからです。「僕」とか「私」が出てきたとたん、それが壁となって文章に良くも悪くもブレーキがかかる。「彼」「彼女」はもっとその作用が大きい。

奥泉　文章の流れを悪くしてしまう。

鴻巣　文体に関して、奥泉さんとお話ししたいことがあります。「私は」の「は」という助詞の使いかたは、明治時代初期からはじまったと言われます。それまでは「和を以って貴しとなす」のような書きかただったわけです。それが明治時代になってから「日本国憲法（と）は」のように知らないものを提示するための助詞の使いかたがされるようになったそうです。「吾輩は猫である」もまさにこの新しい助詞の使いかたです。「あるところに猫が、いました」ではなく「吾輩は」がいきなり出てきています。これは西洋的な書きかたなのでしょうか。

奥泉　どうなんでしょうね。漱石の時代は「である」体が出てきたときでもありますね。「吾輩」という表現は当時の政治的な文書によく見られるものです。政治主体を表す一人称「吾輩」が猫であることの落差で、このテクストはでき上がっている。その意味で西洋的ともいえるものかもしれない。でも、英訳文ではI am a cat. ですからね。もうこれは漱石の書いたものとまったくちがう。べつものとして「あ、猫です」としました。

鴻巣　I am が「あ、」という軽さで訳されているのですね。

奥泉　漱石は新しい言葉を積極的に取り入れていました。だから、当時の読者には新鮮に映ったと思います。と同時に、近代的な言語を猫が使うことの可笑しさがあった。

最終パラグラフ一文目に then I began to feel myself in full motion という文章がありますね。僕は「やがて猛然と動き出した」と訳しましたが、はじめは「速度」という言葉を使おうと考えた。でも、漱石も「速度」と似た言葉を使っていたことを思い出したんです。確認すると「しばらくすると非常な速力で運転し始めた」と書いていました。「速力」という表現を使うのがひじょうにおもしろい。

鴻巣　「速力」という言葉じたいが西洋語の翻訳言葉ですね。漱石はすでに翻訳文体をもっていた。いま、村上春樹やその後継者たちの文章が翻訳調だと言われ続けていますが、新しい作家というのは、明治期も西洋言語から取り入れた翻訳語をばんばん使うか、それに逆行して漢文調で行くかですから、いずれにしても翻訳文体なんですよね。新しい文学傾向が表れてくるときって翻訳的な文体が強く出る気がします。

英語の短かさがうらやましい

奥泉　おっしゃる通り。『吾輩は猫である』の文学的背景に関して言えば、この作品は一九〇五年発刊なので、ちょうど二十世紀のゼロ年代。日本ではリアリズムができ上がる時代です。一九〇六年の島崎藤村『破戒』、一九〇七年の田山花袋『蒲団』がリアリズムの代表作ですが、そうしてリアリズムが確立される過程を、漱石は横目で見ていたと思います。しかし、漱石にとって『吾輩は猫である』は処女作ですから、文学様式は気にせず彼の日本語感覚を素直に出している。

ただ、『吾輩は猫である』は前半と後半で文体が多少変わっていると思います。これは僕の思い込みかもしれませんが、漱石は後半に行くにつれ日本語という言語で小説を書くことへの意欲を見せている。最初はなんとなく文章を書いていますが、後半、とくに第九話では禅語を多用しています。じっさい、彼は禅語の文章を読んでいる時期があるのですよ。禅語を小説に取り込むことに意欲的です。リアリズムは言葉数を減らしていく傾向にありますが、漱石はそのことに反発し、反対に言葉を増やす方法をとったわけです。

話はややずれますが、僕はいつも英語の短さがうらやましいんだなあ。三語とか四語でスパッと簡潔に表現できるのがいい。いま大学生たちと読んでいるアイザック・シンガーの小説に the doorbell rang なんて文章があって、構成要素はたった三つ。これは「玄関のベルが鳴った」という日本語のリズムとはまったくちがうのですよ。それから英語は語尾が無数にある。日本語の小説家としては羨ましい限りです。

鴻巣 日本語はどうしても文末決定性という特質から逃れられませんね。私の学生時代はこうした日本語の決定性について徹底的に教え込まれました。私の師匠の柳瀬尚紀先生も語尾にこだわる人で、語尾のバリエーションがないだけで駄目だしされたり。

奥泉 ほうほう。

鴻巣 いっぽう、翻訳者が操作をして人為的に語尾を変えていいのか、という翻訳倫理との葛藤はあります。操作性から距離をおくために、語尾はほとんど「た」にする訳者もいます。ただ、リズムやトーン、ニュアンスを考えると、全部を「た」で済ますわけにはいかないと個人的には思います。それにしても奥泉さんの訳文はすごく自然ですね。漱石の文体を感じるという意味ですが。

奥泉 漱石的な、「吾輩は猫である」的な文体が、僕の中心にある文体だからでしょうね。何も考えずに書くと漱石的な文章になる。

鴻巣　「が、そのときはガクセイがどんなものか知らぬから、別段恐いとも思わぬ」。このへんも漱石に急接近していますね（笑）。

奥泉　ですね。『I AM A CAT』を一度翻訳して、ちょっとリズムが悪いなとか、語順変えたいなあ、とか手直しを加えると、いつのまにか漱石の『猫』に戻ってしまうのです。

鴻巣　おもしろいなあ。奥泉さんが漱石の文体に影響を受けているからこそ、英訳文とのスリリングな軋轢が生まれるのでしょうか。奥泉さんの翻訳を読んでいて、「です・ます」体と「た」体と体言止めが入り交じっている書きかたが印象的です。

奥泉　最近、僕がときどき使っている混淆文体です。文学賞の選評なんか、この文体で書いている。

鴻巣　「である」体で続けてきて、最後に「頑張っていただきたいと思います」みたいな終わりかたをされてますね。

奥泉　はい。語りの色をひとつに染めないことで、体言止めも比較的使いやすくなります。「た」体での体言語止めはすごく使いづらくて。名詞で文章を終えるのは、日本語としてはリスキーなんです。なんというのかなあ、安っぽい印象になる危険性をはらんでいる。ただ、僕はわりと体言止めは好きなんです。

鴻巣　『東京自叙伝』のなかでも体言止めを使われていましたね。

奥泉　はい。かなり使いました。

鴻巣　この小説こそ、福沢諭吉文体のパスティーシュで、「です・ます」体と「た」体の混交体が全篇に見られますね。

自分が生まれる場所からはじまる物語

鴻巣　第一文目の「あ、猫です」ではじまって、「ガクセイの掌に安座して居った」と格式ばり、最後に「そのあとの出来事は全然覚えていません」となる文体には、個々の文にかなり距離があります。自由度が高い混淆文体が奥泉流なのですね。タイトルはあえて平仮名にしたのですか？

奥泉　けっこう考えました。英文のタイトルは『I AM A CAT』ですが、僕の訳文は「私は猫である」でなく「あ、猫です」ですから、これをタイトルには使えないなと思いました。翻訳出版するのだったら、確実に編集者と相談ですね。全部訳したあとに、最後の最後に決定でしょう。『あいあむあキャット』はひとつのタイトル案という位置づけです。このタイトルだったら、本がすこしは売れてくれるかな、なんて淡い期待もあります(笑)。ほんとうは、最初『猫ですけど』にしようと思ったけど、後ろの文章が「けど」に引っ張られすぎてしまうと思ってやめました。

鴻巣　私も『猫なんだけど』にしようと思いました。「なんだけど」のような女子高生口調で訳してみようと思ったんですが、私は彼女たち独特の語彙を知らないのでやめました(笑)。

奥泉　女子高生口調に関して、僕はわりと造詣があるほうです（笑）。ただ、この翻訳文に対して女子高生口調はふさわしくないかなと思いました。女子高生は projection とか not unfrequently なんて言わないでしょう？

鴻巣　おっしゃる通りですね。

奥泉　しかし鴻巣さんはずいぶん自由に翻訳していますね。タイトルは『キャット・イン・ザ・ライ』！

鴻巣　奥泉さんが創作的に訳してらっしゃると思って、私も負けないように遊んだんです（笑）。

奥泉　僕はそんなに遊んでませんよ。

鴻巣　はい、ですので「ノーマル翻訳バージョン」も後ろに付けました（笑）。ともあれ、『吾輩は猫である』と同じように、自分が生まれる場面からはじまる物語を考えていたら『キャッチャー・イン・ザ・ライ』が思い浮かんだんです。とすると、村上春樹文体でやるのがよかろうと思ったんです。久しぶりに『キャッチャー・イン・ザ・ライ』を読んでみたら、けっこう『猫』に通じる部分がありました。「こうして話をはじめると、君はまず最初に」とか「すっかり言い忘れていたけれど、僕は猫なんだ」はほぼ完全コピーです。

『キャッチャー・イン・ザ・ライ』には十九世紀小説に対するアンチテーゼがありますね。主人公が生まれる前のことを語り手が延々書くのが、それまでのイギリスのロマン（小説）です。ディケンズの『デイヴィッド・コパフィールド』がそうですし、十八世紀に遡れば、ローレンス・スターンの『トリストラム・シャンディ』は、主人公になる卵子と精子が授精する前のところ、お父さんが寝る前に時計のねじを巻き忘れるところから書きます。そうした伝統を揶揄して、自分が生まれる以前のことをなぜ語り手が語り得るかという疑問を起点に、二十世紀のリアリズムが成立する。その代表作のひとつが『キャッチャー・イン・ザ・ライ』かなあと思うのですが、『吾輩は猫である』もそのスピリッツに似たものを感じたのです。語り手は登場人物が出てきたところからしか語らないという現代小説の作法がありますし、十九世紀的な小説への目配せというかチャレンジがある気がして。

それで『キャッチャー・イン・ザ・ライ』ならぬ『キャット・イン・ザ・ライ』にしてみて、村上春樹の文体をなかば噛ませるようにしました。ただ、第二パラグラフからはほとんど直訳です。

奥泉　『キャッチャー・イン・ザ・ライ』と『吾輩は猫である』は、そう結ばれるのか、なるほど。ただ、鴻巣さんの訳文を読んでいると村上春樹らしくもあるけれど、庄司薫っぽさもありますよ。

鴻巣　そうかもしれません（笑）。村上春樹と庄司薫のふたりの文体は似ていると言われますね。

代名詞はそのまま訳さない

鴻巣　さて、そろそろ本文に取り掛かりましょうか。第一パラグラフ五文目 This human being からはじまる文章はなかなか訳しにくいです。原文で漱石は「これは」と言っていますが、

This human being だと「この人間は」という訳しかたになってしまいます。漱石の原文を読んでみても、個別の人間を指しているのか、人間という種族を指しているのかがよくわからない。その点に関して、翻訳文は目の前にいる「この人間」を明確に指摘しています。原文と翻訳文を両方参照すると物語の読みかたが能動的になりますね。

奥泉　その文章で言えば、the name of "students", who, as it is said, will not unfrequently seize, boil and devour us の us の訳しかたに気をつかいました。「我々猫を捕まえて」だとおさまりが悪い気がして、「猫族」としました。「ガクセイはときに我々猫族を掴まえ、煮て喰らうと云う」。これはリズムを優先させた例です。

鴻巣　この us を装飾したくなる気持ちはよくわかります。ただの us ですが私も「僕たち」だけでは物足りなくて「僕たち猫」にしました。「なにしろ一説によれば、彼らは僕たち猫をとっ捕まえて、煮て食っちまうことも珍しくないって話さ」としました。

奥泉　一般論として、日本語訳では代名詞をそのまま訳さないほうがいい。最後のパラグラフの Whether he was moving or I alone was being whirled の he も「彼」よりも「学生」と訳したくなります。

鴻巣　あ、ほんとだ。私も無意識のうちに「やつ」にしていました。

奥泉　こうした代名詞の扱いかたは日本語と英語のいちばんちがうところだと思います。日本語であれば何度も「学生」と繰り返しても違和感はありません。繰り返しがあってもリズムが壊れないから。

鴻巣　英語は student を繰り返すことはありませんね。同じ名詞を使いたがらない特性があるので代名詞で受けます。日本語の場合は～, he said という文章でも he をディビットだったり、ジョーンズだったりに訳しなおすことがあります。翻訳文だと誰が話しているかわからなくなるので。

さて、ひとつ奥泉さんと私の共通点を見つけました。student を「ガクセイ」とカタカナで訳しているんです。

奥泉　原文が「書生」だとはわかっていたけれど、今回は原文を見ないというルールですからね。英語で読み、翻訳して商業出版する仮定で訳しました。すると student を「書生」とは訳しにくい。いまは「書生」というものが存在しませんからね。

鴻巣　「ガクセイ」とカタカナなのは、猫にとって意味がわからないことを示唆してますね。

奥泉　そうです。英文も“student”と、引用符がついてますから。

鴻巣　全文流暢な英語で話しているから student という初歩的な単語がわからないはずがないのに……。でも、こうした〝矛盾〟って小説言語ではよくありますよね。

奥泉　素直に読めば、通常の意味ではないことになります。

鴻巣　一般に知られている student ではないと。

奥泉　そう考えると「学生」とは訳せない。でね、第一パラグラフの最後 Only when he lighted me lightly on his hand の he lighted me lightly の意味が僕にはわからなかった。

鴻巣　「そっと掌に乗せる」という意味ですよね。でも、light って「置く・降ろす」という意味で他動詞に使うのかなあ？（鴻巣注・ここのlightは「降りる・降りてきて止まる」という意味。ゲルマン祖語のlinkhtijanに語源があり、これは元々「軽くする」という意味）

奥泉　辞書で調べてみたのですが、たしかに「掌に乗せる」という意味はある。ただ、古い用法だそうで。

鴻巣　いま使うとしたらlightではなくalightになるでしょうね。

奥泉　「（鳥などが）降り立つ」の意味だと辞書にありました。でもね、降り立つわけじゃないから……まあ、言いたいことはわかるんだけどね。で、訳者である僕が漱石の原文を知らない前提で訳したので、「光を当てる」としました。あとの文章にタバコを吸う場面が書かれているから。

鴻巣　ああ！　マッチを擦った光ということですか。

奥泉　そう。でもほんとうのことを言うと、lightedの文字が目に入ったときに、こんなシーンは原文になかったけどなあと思い返したりして。lightlyという表現もわからなかった。なんで「軽く」なのか……。そういうわけで、僕は「何か光をあてられたときには」と訳しました。わかんないから（笑）。

鴻巣　漱石の原文を知らなければ、そう読み取る人はいそうです。この英訳を読んでいる英語読者も、奥泉さんの理解で読んでいる人がいるんじゃないですか。

奥泉　僕の英語力だとそう訳しちゃうな。

翻訳は縫い目をほどく作業

鴻巣　第一パラグラフ最終文がおもしろいのは「手のひらに乗せられたとき、ふんわりとした感覚があったばかりだ」という意味を込めて Only when he lighted me lightly on his hand, I experienced a strange sensation of buoyancy passing through me. と英訳していること。「ばかり」が only になって、文頭に転位してしまっています。まあ、ふつうに考えると、Only when は「ようやくそのとき」という意味ですが(笑)。

奥泉　僕はそこは無視したなあ。

鴻巣　だから、私は英訳の文法にしたがって「そいつにそっと手のひらに乗っけられてようやく」と正直に訳しました。これはもしかしたら英訳者側のミスリードかもしれません。

奥泉　あ、「そいつ」という訳も、僕と鴻巣さんは同じですね。僕は漢字にして「其奴(そやつ)」にしていますけど。「そいつ」は英文では his hand の his です。漱石の原文は「ただ彼の掌に載せられて」。「彼」という言葉も当時としては翻訳っぽい言葉の使いかたです。でも、僕らには「彼」は使いにくい。

鴻巣　とくに私は『キャッチャー・イン・ザ・ライ』を真似ているので、「そいつ」と訳したくなりました。

奥泉　僕は一人称に「自分」を使っているんです。

鴻巣　ええ、二行目の「どこだか暗く湿った場所で、自分はミイミイ泣いて居ました」ですね。とくに気がつかないくらい自然ですね。

奥泉　何回か「自分」を使っています。

鴻巣　ええと、全部で五カ所かな。

奥泉　他にも気になったところがあります。第一パラグラフの四文目 I was mewing in a gloomy damp place, where I got the first sight of a creature called man. のなかに the first sight という表現がありますよね。「人間と云う生き物をはじめて見た」と訳しましたが、第二パラグラフ二文目にも the first time が出てくる。This was my first **contact** with human creature. という文章です。漱石の文章を読んでいるときは気がつかなかったけど、翻訳することで、猫が人間を「はじめて見る」という行為を繰り返していることを発見しました。

鴻巣　第一パラグラフの the first sight は「最初に見かけた」という意味で、第二パラグラフは「顔をよく見た」ということが言いたいのですかね。翻訳していると、こうしたダブりに遭遇します。『嵐が丘』を訳しているときにもありました。「ロックウッドと名乗ると」といった文章があって、その後しばらくしてまた直接話法で「ロックウッドです。こんにちは」みたいに挨拶している。これははじめに概要を伝えて、次に具体的な描写をするという英語特有の運びかたかもしれませんが。

奥泉　どちらも漱石の日本語では「見た」ですけれど、第一パラグラフの四文目 I got the first sight of a creature called man と第二パラグラフの二文目 This was my first contact with human creature は、翻訳者も苦労しただろうと思います。sight と contact や、a creature called man と human creature で、わざわざ使い分けている。

鴻巣 human creature は聞き慣れませんね。「人間って生き物」という訳になりますね。

奥泉 鴻巣さんは「ニンゲンって生き物」とカタカナにしている。

鴻巣 ガクセイと同じで、猫には未知の概念という含意です。最初は first sight で、次が contact ですか……この英訳者の困り具合が伝わってくるなあ。ここは翻訳者の知恵が表れていると思います。日本の翻訳者も困るときがありますよ。さっき leg って言ったのに、次には foot って言ってるような英文はけっこうよくあります。

奥泉 第二パラグラフ一文目 It was at this instant that I, collecting myself a little, while thus perched on his palm, cast a glance at his face. の cast a glance at his face があるでしょう。この glance という言葉もかなり調べてみた。この glance は、顔を合わせるというニュアンスになるのかなあ。第一パラグラフですでにガクセイのことを観察しているのだから、顔を覗き込んだということかとは思う。けど、やっぱり腑に落ちない。このフレーズはあまり読み込まなくてもいいのかな。

鴻巣 cast a glance はちらっと見る感じ。ここが stare や survey のようにまじまじと見たり、見回すのだったら、つじつまが合うんですけどねえ。最初に見たって言っているのに、その後、ちらっと見るなんて順序がちがう気がしてしまう。だから、最初は「なんかニンゲンがいるぞ」という認識で、次に「顔をちらっと見たのは初めてなんだ」というふうに曖昧にしました。でも、これもさっきの『嵐が丘』と同じで、まず「人間との初めての遭遇があった」

と概要を述べてから、その細かい描写に入るという仕儀なのかもしれません。ここがいちばん訳しにくかったです。

奥泉　僕もこの部分がいちばん困った。鴻巣さんは最初のほうが「ここでニンゲンって生き物を初めて見ることになった」。後のほうは「そいつの顔をちらっとでも見るのはこれが最初だった」か。なるほどね。第二パラグラフの first contact は「最初の接触」という意味だけど、たんに見ただけでなく、大げさに言うと「顔と顔を見合わせて相互的に承認した」と捉えたくなる。ほんとうはそうしてほしかった。でも、英文に合わせるとぜんぜんちがうよね。それで、僕は最初のほうは「人間と云う生き物をはじめて見たのがそこ」。後のほうは「少し落ち着いたところで其奴の顔を見た」と工夫してみました。

鴻巣　漱石の原文は、最初のほうは「吾輩はこゝで始めて人間といふものを見た」。後のほうは「掌の上で少し落ちついて書生の顔を見たのが所謂(いわゆる)人間というもの丶見始(みはじめ)であろう」になっていますね。

奥泉　だから、これは僕の深読みなんです。でも、深読みさせるというのが翻訳のおもしろいところだと思う。翻訳するとついつい深読みしたくなりませんか？

鴻巣　読んでいるときは気づかないけど、翻訳して初めて発見することって山ほどあります。深読みしないとつじつまが合わないときもあります。オリジナルでは文章の整合性や不整合性を読み飛ばしていたけど、翻訳にすることでほころびが見えてくる。翻訳は解体して再編するという作業なので、縫い目をほどくようなものです。その布を使っているときには気づかないけれど、縫い目をほどいてみると「あれ、ここって一目跳んでない？」とか「こっちの端はまつってないな」とかがわかる。縫い目をほどく作業のなかで何かを見つけちゃう。嫌な読者ですね（笑）。

奥泉　僕は小説の翻訳をやったことはありませんが、おっしゃることは大いに納得できます。しかし自分の小説が翻訳されることを考えると、ちょっと恐いですね。いい加減なのがバレちゃう（笑）。

七十五パーセントでないと小説は訳せない

鴻巣　奥泉さんは大学の授業で翻訳を教えていらっしゃるじゃないですか。

奥泉　いやいや、学生には翻訳させているけど、僕自身はやらない。たいへんですからね（笑）。じっさい一緒にテクストを読んでいて、翻訳不可能だと思う文章は多い。

鴻巣　『クリスマスのおはなし』（ジェーン・レイ著、徳間書店）を翻訳されてますね。

奥泉　あれは絵本で分量も少ないし。ただ、その前に出した同じ著者の『ノアのはこぶね』（福武書店）は苦労しました。なにせひらがなだけで訳してくださいと頼まれた。ところが、文章は、リライトされたものではなくて、あの格調高いキング・ジェームズ版聖書そのままなんです。

鴻巣　ええ！　そうだったんですか。

奥泉　結局は編集者に妥協してもらって、漢字にルビをふったところもあるんですが。学術書の翻訳は内容が正確に伝わればいいので、文体は気にしなくていいでしょう。「こういう日本語にすれば伝わるな」くらいで充分。でも、小説はちがう。鴻巣さんはよくやっているなと感心しますね。前回の『翻訳問答』で片岡義男さんが、翻訳は七十五パーセントでいいとおっしゃっていた箇所、僕は目から鱗が落ちました。たしかに七十五パーセントでいいという態度じゃないと、小説の翻訳なんてできないだろうなと。

鴻巣　片岡さんから「鴻巣さんは百パーセントの翻訳を目指している」と言い当てられてしまいました。たしかに百パーセントを努力目標にはしております。百パーセントを目標にしてはじめて七十五パーセントが伝わると思っているからです。いや、六十五かな（笑）。

奥泉　そのひたむきさ、素晴らしいです。

　鴻巣さんと僕の翻訳文をもう一度読んでみると、意外と似ているところが多いことに気がつきました。第二パラグラフの三文目 I thought then how strange he looked は、僕も鴻巣さんも「変梃（へんてこ）」「変ちくりん」と訳しています。

鴻巣　文体がこれだけちがっていても、似ている部分があるんですね。第二パラグラフ最終文 That this smoke came from tobacco which man uses, did not come to my knowledge until quite recently. の use もむずかしいです。私は「吸う」と訳したのですが、奥泉さんは「嗜む」。「これが人間の嗜む莨（たばこ）なるものから出る煙と知ったのはごく最近の話」。この辺りは奥泉さんの漱石的素養が表れています。私は「この煙がニンゲンの吸うタバコってものから出るというのは、ごく最近になって初めて知ったよ」。

奥泉　漱石は「飲む」にしていますね。

鴻巣　「飲む」かぁ！　私も自分で書くなら「飲む」にしたくなります。タバコは「吸う」より「飲む」です。

奥泉　僕は「たばこ」を「莨」にしているんです。「莨」という漢字が好きで。中井英夫も使っていますよ。

鴻巣　粋な感じがします。私も使える場面で使ってみたい。ちなみに、『I AM A CAT』の難易度はいかがでしたか？

奥泉　ひじょうに読みやすいです。

鴻巣　英文はシンプルですね。挿入節が重複して入っているところが、ちょっとやや古風だなと思います。This human being, as I afterwards learned, belonged to the most brutal class of his race, known by the name of "students," who, as it is said, will not unfrequently seize, boil and devour us. この文章なんかは典型例です。

奥泉　not unfrequently なんて二重否定ですからね。鴻巣さんは「珍しくはない」としてますね。

鴻巣　「頻繁になくはない」だから、「頻繁になく」は反対語の「珍しく」を使って否定をひとつ折りたたみ、「珍しくはない」としました。ヴィクトリア文学にも出てくるような文体です。いま私たちが読むのではなくて、一九七二年に出版されたとき、英語読者がこの英訳文を読んで感じた難易度って、原文と比べてやさしいんじゃないかと思うんですが。

奥泉　英語のほうがやさしくなっていると。それはどうかな。見当がつかないけど。『翻訳問答』で競訳されていた『The Long Goodbye』なんかと比べたら、この文章は読みやすいですよ。チャンドラーは意味がわからないときがある。

鴻巣　片岡さん曰く、チャンドラーは二日酔いで書くので文章を推敲している時点でややこしくなったらしいですよ。

This を「なんて言うかな」と訳す

奥泉　たとえば僕が学生のとき、ジョゼフ・コンラッドの『闇の奥』を読みましたが、もうむずかしいのなんのって。宿題が出ていたんだけど、途中でやめちゃいました。

鴻巣　『闇の奥』はマーロウという語り手がいますが、彼の話を聞いている聴衆もいますから複雑です。『吾輩は猫である』は明治時代を代表するインテリの書く文章でもありますね。当時の日本の読者からすると漱石の文章はどれぐらいむずかしいものだったのでしょうか？

奥泉　そんなにむずかしくはないと思います。新聞が読める程度の人であれば、ふつうに読めたと思う。漱石について言うと、『草枕』のほうがずっとむずかしいです。『草枕』はアート的に作った文章だから。言葉を集めてきて、構成するという意欲をもって作った作品だと思う。いまでも注なしでは読めません。

『吾輩は猫である』も先ほども言いましたように、第九話に、苦沙弥先生が朝起きてぼーっとしているところを吾輩が見ている場面があって、そこは禅語が多出します。でも、全体としては読みやすい。僕自身も小学生のときに『吾輩は猫である』を読んでいました。

鴻巣　えっ、小学生で漱石を原文で？

奥泉　当時旺文社文庫というのがあって、ほぼ総ルビに近くて、ページの横に注がついていたので読めました。当時は活字を拾っていた時代だから、あの組版はたいへんだったと思いますが、ほんとうにありがたかった。

鴻巣　つまり難易度に関しては、漱石の原文と英訳文はおおむね対応していると。

奥泉　今回英訳文を読んで、よく訳されているなと感心しました。と、評価できるほど、僕には英語力がないけれど。

鴻巣　英訳文は意外と律儀かつ簡潔ですよね。もっと原文を無視していると思ったのですが。たとえば、第一パラグラフの三文目 But this still dimly lives in my memory. の表現なんか好きです。

奥泉　その文は理解しにくかったな。This は何を指しているのかな、と一瞬思うじゃないですか。

鴻巣　たしかに this がわかりにくいですよね。直訳すると「これだけはかすかに記憶にある」と。「これ」とは where I was born くらいの意味だと思いますが。あとに a gloomy damp place という文があり、私は「薄暗くてじめじめした所で」と訳しましたが、それに呼応するように引き出されてきた言葉が dimly なのかなと思いました。奥泉さんは this を折り畳んで「ただ微かながらの記憶はあって」としていますね。

奥泉　鴻巣さんは this を「なんて言うかな」にしているのか。なるほどこの気持ちはわかります。僕は this が指すものの見当がつかないなと思って。

鴻巣　漠然とした記憶であるということを But this still dimly lives in my memory と I was mewing in a gloomy damp place と、一文だった原文を二文にすることで強調したんじゃないでしょうか。

加えて、整合性の問題があるかと思います。Where I was born is entirely unknown to me.「自分がどこで生まれたとか、僕にはなにひとつ分からない」と言っているにもかかわらず、ずいぶんくわしく話している。このBut this still dimly lives in my memory は翻訳者として必要とした一文だと思います。ですから、さっきも言ったように、翻訳は縫い目を細かく見て再現することなので、『I AM A CAT』の訳者はこのステッチをひとつ入れないと縫いつづけられなかったのではないでしょうか。

奥泉　なるほど。その考えかたはおもしろいなあ。

鴻巣　作者は、このステッチは飛ばせるんですよねえ。

奥泉　漱石は原文で「何でも薄暗いじめじめした所でニャーニャー泣いていた事だけは記憶している」とだけ書いています。いっぽう、英訳文を訳した鴻巣さんは「でも、なんて言うかな、ぼんやりとした記憶はあるんだ。たしか薄暗くてじめじめした所でミャーミャー鳴いていた」で、僕も「ただ微かながらの記憶はあって、どこだか暗く湿った場所で、自分はミイミイ泣いて居ました」と訳している。これだけ英訳文が強く表現していると、漱石の原文よりも修飾が多くなりますね。

翻訳された外国小説も「日本文学」

鴻巣 たしかに、還元訳してみると英訳文の強調が反映されますね。ただ、日本語に訳す場合、原文にない表現を入れる際には細心の注意が必要です。I remember を「はっきり覚えている」と訳すだけで抵抗を感じる人もいますから。でも、clearly がなくても原文に畳み掛けるようなリズムや語調の強さがあるなら、「はっきり思い出した」と訳すのはときに自然なことだと思います。それでも、日本語読者は語の一対一対応にすごくこだわる。名詞は名詞に訳してほしいとか、原文で同じ語は毎度同じ訳語にしてほしいといった意見はわりとよく聞きます。

奥泉 そうなの？ でも、そんなことを言う人は少ないでしょう。原文といちいち照らし合わせて読む人なんて。

鴻巣 数としては少ないかもしれませんが、欧米に比べたら割合として多いですよ。この翻訳大国の人口は一億以上ですから、比例して翻訳に意識の高い読者の規模も大きくなります。

奥泉 そうした苦労があるから、日本語の翻訳は優れているんだと思いますよ。

鴻巣 地味な作業ですよね。

奥泉　いや、すばらしいと思う。近代の日本語は二葉亭四迷などの翻訳者が作ってきたわけじゃないですか。

鴻巣　二葉亭四迷以前に、飛鳥時代から日本は漢字・漢文という異国語を輸入してきました。白文にレ点を付けるという翻訳法をある意味ずっと続けている。オランダ語やポルトガル語を輸入したときも、英語でも同じ方法でやってきた。飛鳥以来の直訳国家ですね。

奥泉　繰り返しになりますが、翻訳者が日本語を作ってきたのはまちがいない。翻訳語が日本語を作っているという事実はたいへん興味深いことです。僕が小説家になったのは、過去に小説を読んでいておもしろいと思ったから。小説を読むときは、日本文学も外国文学もほとんど日本語で読みます。日本語で書かれている点において、翻訳された外国小説もほんとうは「日本の文学」と言っていい。そう考えると、日本の文学の大きな部分が翻訳で占められているんだと思います。

鴻巣　出版物のパーセンテージで言うと、翻訳書は十パーセント弱ですが、その影響力は大きいとは思います。

奥泉　大きいですよ。僕個人も、翻訳で数多くの作品を読んできた。その翻訳の文章が僕の日本語の中核部分を作っていることはまちがいない。

鴻巣　明治時代の翻訳家は、歩くにも道がない状態だったと思います。翻訳しては言葉を作り、さらにその作った翻訳語で何かをまた翻訳する。自分で歩く道を作りながら進んでいた時代と言っていいかと。現代はそこまで切羽詰まったものはありませんが、奥泉さんは言葉を作りながら歩いている感覚はありますか？

奥泉　言葉を作りながら歩く感覚は作家の願いと言えるかもしれないです。日本語という言語のなかで、表現の可能性や思考の可能性を拡張したいという願いはあります。おおげさに言えば、それが日本語で小説を書いている者の使命だと思う。でも、それはなかなかむずかしい。作家にとっての理想状態は日本語をあたかも外国語であるかのように扱うことです。つまり、自然に出てくる言葉がいいと僕は思っていない。ある種の違和感なり異質性なりが日本語にはらまれるべきだと考えている。いっぽうで、読みやすさや理解されやすさに対する配慮もいる。日本語のなかにいながら、異質なものを表現するのはひじょうにむずかしい。

鴻巣　日本語での創作に没頭しつつ、言語を拡張させていくのは、想像するだけでも困難なように思えます。

奥泉　だから、日本語を拡張するのは小説家よりも翻訳者が優位にあると思うのです。原文に忠実な翻訳をするためには、異質なものと直面せざるを得ない。言語の異質性と対峙する環境にあるからこそ、日本語を創るという点で翻訳者のほうが有利だと思う。海外に目を向けても、フランスではフランス語を母語としない人がフランス語を扱う小説がすぐれていることが多い。母国語でないかたちで言語を扱う作家の作品が、二十世紀以降は、文学の大きな部分を占めている。

鴻巣　非母語作家ですね。ハイチ出身だとか、ナイジェリア出身だとか。小説の内容もさることながら、文章がびっくりするほど詩情をたたえていたりするのです。第二言語の作家の英語はすごくかっこいい英文になる。中国系アメリカ人のハ・ジンのようにおとぎ話のような文体で書く人もいるいっぽう、ボスニア出身のアレクサンドル・ヘモンはゼロ年代にアメリカに移住して、数年で完璧に英文が書けるようになった。セルビアのテア・オブレヒトやドミニカのジュノ・ディアスなど、重層性や軋轢のある英文に惹かれます。

奥泉　言語に対して違和感や距離感をもてる環境は有利なんですよ。僕は作家として、母国語のなかで、どうやって母語と距離を取るか絶えず考えています。漱石がどう考えたかは不確かですが、彼も禅語のアンソロジーの『禅林句集』などを手元に置いて日本語を拡張しようとしていた。馴染みのない言葉を使うことで日本語をなるべくナチュラルなところから離脱させようとしたんじゃないかな。僕もそうありたいと思っている。

不自然な格好で小説を書きたい

鴻巣　日本語を拡張させるためには、異質性が必要だということですね。

奥泉　ですね。英語という異国語が日本語を照らし出すわけです。僕が大学で学生に翻訳をやってもらうのは、英語を教えることが狙いなのではなくて、翻訳を通じて日本語を鍛えてほしいから。日本語を鍛えるなら、日本語に違和感をもつ環境に自分を置くのがいちばんいいわけです。

鴻巣　たしかに翻訳には言葉に無理をさせる感覚があります。

奥泉　言葉に無理をさせる、というのは面白いな。

鴻巣　私、いつも自分が不自然な格好でいるような気がしています。

奥泉　僕はほんとうはその不自然な格好で小説を書きたい。でも、リズムよく、文章はシンプルで鮮やかにしないと、読者は手にしてくれない。このへんはむずかしいところですね。

鴻巣　奥泉さんのジレンマは日本の読者の嗜好と重なる部分があります。翻訳で発生する異質性を日本の読者は好みます。欧米の読者は異質性が嫌だから、より同化した文章を読みたがる。でも日本の読者は異質性を好むいっぽう、読みやすさやこなれた感じも同時に求めるのです！　翻訳者は八つ裂きの刑です(笑)。

奥泉　日本の読者はきびしすぎるな。

鴻巣　ロシア語通訳の米原万里さんの『不実な美女か貞淑な醜女(ブス)か』(新潮文庫)という翻訳・通訳に関する本があります。見た目はよいけど原文を裏切っている美女か、見てくれは悪いけれど原文に忠実な醜女か、という問いかけですね。

奥泉　ほほう。

鴻巣　翻訳の歴史のなかで、直訳と意訳や、同化訳と異化訳の二項対立は際限なく議論されています。英米では、訳文の透明性(翻訳であることを意識させない自然さ)と忠実性は相容れないという認識があるし、これらは対抗概念だから、同時に成立させようとするのは無理があるという諦観がある。でも、日本には忠実性と透明性が二項対立だという認識はとくにないから、「両方やってね！」ということになります(笑)。

奥泉　透明性と忠実性を両方成立させる、この細く険しい道を行くことが、創造性を生んでいるのだと思います。英米系の翻訳はそこは諦めがはやい。学術書ですら諦める。僕はマックス・ウェーバーを研究していたからドイツ語原文の英米系の翻訳書をたまに読んでいましたが、英訳文はほんとうにいい加減でしたよ。

鴻巣　学術書でもですか？

奥泉　断りもなく要約します。それに比べると日本語の翻訳者はモラルが高い。その透明性と忠実性というジレンマに悩み続けているからこそ、日本の翻訳はすばらしいんだと思う。本来、翻訳という作業じたいが不可能なのに、ほんとうによく頑張れるなと思います。

鴻巣　ありがとうございます。ただ、英語と日本語だと構造的なちがいがありすぎるので、あんまり異質性に拘るとフォーカスがぶれぶれの訳文になる。それを忠実性だとかたくなに信じる考えかたもあるのですが。逐語訳という作業は不可能です。

奥泉　でも、現代小説になってくると、日本語の世界と英米語の世界の差異がなくなっているように思いますね。異質性が薄れてきているから、ある意味つまらなくなるけれど、翻訳は楽になる予感がする。

鴻巣　私は現代小説を翻訳する機会がありますが、じっさい古典より訳しやすいと感じます。

奥泉　生活のありかたがどこへ行っても変わらなくなってるから。

そこへいくと旧約聖書なんて異質性のかたまりですからね。僕の知り合いが旧約聖書の翻訳プロジェクトに参加して、ほんとうに苦労したと言っていました。旧約聖書は宗教テキストだから読みやすさは重要になる。しかし、読みやすさを重視しすぎると、旧約聖書が日本文化寄りになってきてしまう。

鴻巣　それも同化翻訳ですね。エスキモーの言語に訳した聖書では「神の子羊」を「神のアザラシ」と訳し換えた例が有名ですが……。

奥泉　でも、聖書が本来もっている異質性が日本文化に対する批評にもなっているわけで、だから、その異質性が失われることを僕は危惧します。不実な美女か貞淑な醜女か、と尋ねられたら、僕は貞淑な醜女を取りますね。

翻訳は言語の束縛ではない

鴻巣　私は小学校一年生のときから翻訳小説が好きでした。おそらく文章に潜む異質性に魅かれたからだと思います。異質性が好きだし、いまも異質性と格闘しています。でも、あるときボルヘスの翻訳に対するエッセイを読んでいて、頭をぶん殴られたような気がしたんです。文章の最後に一言、「ただ、翻訳に欠けているのは真実の感動である」と書かれていた。

奥泉　うっ！　それを言われたら言い返せないですね。

鴻巣　翻訳にはカーテン越しに見る神秘性だとか、わかりにくさから立ち上がってくる妙味があると思っています。日本人は異質性の微妙さとか、そこにある不可知性とか、あえかさみたいなものを愛します。でも、本物の感動は手に届かないところにある。

奥泉　しかしオリジナルと翻訳をあえて区別すれば、ボルヘスの言っていることもわかりますが、翻訳文は翻訳者が作っている作品だと考えることもできる。だから、原文よりも翻訳のほうがいいということは大いにありえる。それに、丁寧に原文と翻訳文を比べる人は一部の人だけだから、ほとんどの人は翻訳書を独立したテキストとして読みます。そうした意味で、翻訳文のほうがいいという人は当然いると思います。

鴻巣　うーむ、そうですかね……。

奥泉　確実にいますよ。原理的には小説を読むことも同じだと思います。小説家が文章を書いたとしても、誰かに読まれなければインクの染みが付いた紙にすぎない。誰かに読まれることで、はじめて世界が立ち上がる。でも、考えてみると本を読むのは読者一人ひとりです。「『吾輩は猫である』はおもしろいよね」あるいは「つまらないよね」と言うときの『吾輩は猫である』は何を指しているのか。それは、活字ではなくて、『吾輩は猫である』を読んだ誰かの経験です。ということは、『吾輩は猫である』は読者一人ひとりにとってすべて異なった小説なわけです。僕が書いた小説でも、創作した僕よりもおもしろく読んでいる人がいるはずです。というか、いてほしい。

鴻巣　たしかに、自分の本の書評を読んだときに、自分が考えていたよりも、評者の読みのほうがおもしろいと感じるときがあります。そんなふうに読めるんだ、と。

奥泉　翻訳したテキストがオリジナルよりも優れていることはあり得る。SFを翻訳される方々がいらっしゃいますよね。ウィリアム・ギブソン『ニューロマンサー』

を訳した黒丸尚さんや、グレッグ・イーガンを訳している山岸真さんなどが挙げられますが、あの人たちはほんとうにすごいと思う。彼らの高い翻訳創造力には目を見張ります。

鴻巣　もう神業ですね。

奥泉　『ニューロマンサー』のテクストじたいが素晴らしいということもあるけど。それでも、SFを翻訳する方々からは、創造性の迫力を感じます。『ニューロマンサー』なんて、本来訳すのは無理だもの。

鴻巣　黒丸尚さんの翻訳メソッドは確実に日本の翻訳界に大きな影響を与えました。伊藤計劃さんも黒丸さんに影響を受けているのではありませんか。

奥泉　確実に受けているでしょうね。

鴻巣　その伊藤計劃さんに影響を受けている作家も多くいますよね。

奥泉　彼らに限らず、作家は翻訳家の影響を直接に受けているんですよ。

鴻巣　ヘミングウェイを読んだといっても、じっさいは大久保康雄の日本語を読んでいる（笑）。でも、作家と翻訳者の関係に関して、よく翻訳者は作者の代理と言われますがそうではない。読者のひとりなんです。

奥泉　そうですね。

鴻巣　読者と同じように、翻訳家も同じ読みかたは二度できません。だいたい同じように読んでいると思っていても、はじめてその文章を読んだ自分と二回目の自分は絶対に変わっている。翻訳も同様に、二回訳してみてまったく同じ訳を繰り返すことはできない。

奥泉　はじめてその文章を読んだときと同じ読みができないからこそ『I AM A CAT』はすごく時間がかかりました。「とりあえず、これでいいや」と思って書き終わっても、もう一度読み直すと修正したくなる。その繰り返しで、ずっと直したい衝動にかられます。

鴻巣　それは原文があるからですよ。ご自分の小説だったら「このへんで打ち止めよう」っていうストッパーがあるけど、原文がべつにあると無限に思考が続きます。翻訳は言語の束縛ではなくて、むしろ開放に向かってしまう。

奥泉　なるほど。それは至言かも。たとえば、But this still dimly lives in my memory も「これなあ、this をどうするかだよなあ」とか思っていると、永遠に直したくなる(笑)。

鴻巣　無限通りの訳がありますからね。読者が無数にいて解釈が無数にあるのと同じように、自分のなかにも無数の読者がいて無数の解釈があるわけです。しかも、一秒おきに、一分おきに解釈が変化するから、読み直したら最後です(笑)。どんどん書き直したくなる。

終わりのない「無限」地獄

奥泉　じゃあ、いつもどうやって終わりの目処をつけているのですか?

鴻巣　それは締切がやってきて、「よこせ」と言われるときです。翻訳は終わりのない「無限」地獄です。中野好夫さんは亡くなるまで翻訳の直しを入れていたと言われます。翻訳は原文があるからリミットがあると考えられがちですが、じつは永遠の入口なんです。

奥泉　原文によって自分の創造性が刺激される。ほんとうに翻訳は永遠に終わらない作業なんですね。

鴻巣　自分の実力は限界があるので諦めがつくのですが、翻訳は原文に乗っかっていくだけです。だからこそ、どんな深海でも潜ることができる。ジェイムズ・ジョイスを訳せば言語のどんな深みにも潜ることができるし、ヴァージニア・ウルフを訳せばどんな高みまでも行くことができます。少なくとも原文について行けば、どこにも、どこまでも行けるからこそ怖い。

奥泉　翻訳者はたいへんだ。

鴻巣　作家の人のほうがやはりたいへんだと思いますよ。ゼロから一にするのですから。

奥泉　どうなのかな。ところでどのくらいのペースでいつも翻訳されているんですか？　たとえば『風と共に去りぬ』だったら一日でどれくらい訳しますか？

鴻巣　日本語に訳したほうの原稿用紙枚数で言うと、だいたい三十枚くらいじゃないかと思います。

奥泉　一日に？

鴻巣　はい。

奥泉　そんなに訳しているんですか！　……それはたいへんだ。

鴻巣　もうすこしゆっくりするときもありますよ。

奥泉　一日三十枚……。

鴻巣　『風と共に去りぬ』は古典のなかでも、作者がなるべく平明な文章を心がけた作品ですから訳しやすいと思います。ジョイスじゃそうはいきません(笑)。訳すのが速いか遅いかと言われたら、私はいたって平均的だと思います。一日の話で言うと朝の八時か九時からはじめて、ごはんや何かの時間はありますが、だいたい夜の九時十時まで訳しています。

奥泉　そんなに長い時間、集中するのはたいへんだ。「たいへん」ばっかり言ってますけど(笑)。

鴻巣　毎日何ページという具合に、夏休みの宿題のようにこつこつやっています。『風と共に去りぬ』も原書が千四百ページあるのですが、いま原稿用紙にして三千枚ぐらい編集者にお渡ししています。

奥泉　推敲はするんですか？

鴻巣　もちろん、します。でも、画面上ではいじりすぎないようにしています。

奥泉　たしかに推敲していたらきりがないだろうな。

鴻巣　そうなんです。

奥泉　一読目に一人称を「僕」にするのか、「私」にするのかといった共通項目はとうぜんお決めになるんですよね。

鴻巣　そうです。それから、どの登場人物を引き立たせるかなども考えます。たとえば、『嵐が丘』だったら、お手伝いさんの存在がむずかしい。当時の既訳では、ほとんどいるのかいないのか、わからないぐらいの存在感で訳されていたんですが、私は主役のひとりとして訳していました。

奥泉　鴻巣さんは色んな文体で書けるんですよね。

鴻巣　どうでしょう。私は翻訳家という職業の人は全員、文体に関して自由だと思っていたんですが、なかには自分に合う文体でしか訳さない方もいますね。だれしも自分の書き癖からは完全に自由になれないと思いますが、私は、まあ、どんな「役」でもやれと言われればやりますよ、というタイプかもしれません。

奥泉　ひとりの人が地の文で扱える文体はそう多くないと思います。僕はよく一人称を使いますが、一人称で書く文章は比較的楽です。むずかしいのは三人称。そのうちまた、三人称の文体に挑戦したいと思っているんですけど。

鴻巣　これまでの作品のなかで、三人称を使ったものはありましたか？

奥泉　『石の来歴』や『グランド・ミステリー』は三人称です。しかも、『グランド・ミステリー』は多元視点です。あの作品では章ごとに主人公の視点が変わるように書いたと思っていたのですが、一か所だけ主人公と主人公の妹の複合視点の部分がありました。僕はいままで複合視点を書いていないと公言していたのですが、ある人に指摘されて気づきました。

鴻巣　いわゆる俯瞰視点は書きにくいものですか？

奥泉　書きにくいというより、三人称は嘘くさい感じがどうしてもします。作り物感が漂う。ただ、最近、三人称の嘘くささを払拭する方法がひとつあるのに気がつきました。江國香織さんや高橋源一郎さんが登場人物の名前に「さん」を付けているのですが、「さん」を付けるととたんに語り手との距離が生じる。この距離感が嘘くささを消してくれる。たとえば、雨が降っているようすを窓から眺めているシーンがあったとして、「ベンチの横には三輪車が雨に濡れそぼっている。洋子は…」と書くとなんか嘘くさい。そこを「洋子さんは…」とすると違和感がない。逆に、「ベンチの横にはタイムマシーンが雨に濡れそぼっている。洋子は…」の場合は、「洋子」でも自然に受け入れられる。タイムマシーンなんてふつうは公園にあるはずがないので、読者に対して「これは虚構ですよ」とはっきり示されているわけです。明らかな虚構の場合、三人称は違和感なく受け入れられるわけです。逆に「現実」に似ているリアリズムだと違和感が生じてしまう。

鴻巣　なるほど。いわゆる神の(複合)視点は日本語小説には導入しにくいと昔から言われていますね。

奥泉　一人称は日記を書く場合など頻繁に使われます。対して、三人称の視点で文章を書くということは、現実世界では起こらない。神ならざる人間は、現実世界の外にいて現実を描くことをしない。そういうことは起こらない。単純に起こらないからこそ、三人称は虚構感が立ち現れるんです。三人称が出てくると、必ずメタフィクションにしたくなりますね。

鴻巣　最近、英米圏の人にもメタフィクション回帰の傾向があるみたいです。

奥泉　それは虚構というものがもつ必然かもしれない。世界の外側から世界を描くことは現実にはありえないと言いましたが、この世界でひとつだけありえる場合があるのです。それは、小説家が小説を書くという場面。だから、小説を書いていると「これは小説を書いているんだよ」というメッセージを示したくなるのではないでしょうか。

鴻巣　西洋だけでなく日本でも、物語の最後に主人公が小説を書きはじめ、それがじつはこの本でしたという円環オチが増えてきたように思うんです。芥川賞候補にもなった話題作『さよなら、オレンジ』（岩城けい、ちくま文庫）という小説もそうですね。作家自身も最後のネタばらしをしないと不安なのかもしれません。ポストモダンの脱構築もこうした存在不安に起源があるのではないかと思います。

奥泉 それはあるかもしれないですね。ただ、同じポストモダンから派生してきたとしても、文章の技術の問題はあると思います。同じメタフィクションだとしても、シンプルな夢落ちだけではなく、種類は豊富ですからね。

鴻巣 最後に質問させていただきたいのですが、奥泉さんは自分の小説が翻訳されることを、正直どう思っていますか？

奥泉 あまり関心がもてないというのが本音です。

鴻巣 チェックなどはされるんですか？

奥泉 綿密には確認しないですね。とにかく小説を丸々翻訳するなんて、本来無理だと思う。僕は曲がりなりにも小説家だから、日本語のなかで日本語のもつ力を最大限に引き出したいと思っていますから、それを他の言語に置き換えるというのは原理的に不可能でしょう。翻訳されることはもちろん嬉しいです。ただ、翻訳されたものは自分の作品じゃないと感じますし、翻訳家の方の作品だと思っています。

どこかで読んだのですが、漱石も同じようなことを言っていて、たとえば『草枕』は翻訳できないと言っています。あれほどの日本語表現の世界を外国語に置き換えるのは到底できません。だからといって翻訳に意味がないのではない。そのことはさんざん話してきましたが。

鴻巣　一作まるまる同一性のあるコンテクストを異言語で生み出すのは、どんな作品であっても不可能ですね。

奥泉　そう。翻訳されたものはもう僕のものじゃない。そもそもオリジナルだって出版された時点では読者のものです。だから僕の小説の素晴らしい読者である翻訳者が出てきてくれたら、それはほんとうに嬉しい。翻訳家の方には自由に新しい表現の世界を開拓していただきたいなと思います。

THE BAMBOO-CUTTER AND THE MOON-CHILD

鴻巣友季子

円城塔

円城塔（えんじょう・とう）
札幌生まれ。作家。2007年『オブ・ザ・ベースボール』（文學界新人賞）でデビュー。著作に『烏有此譚』（野間文芸新人賞）、『道化師の蝶』（芥川賞）、『シャッフル航法』ほか多数。英語翻訳された作品に『Self-Reference ENGINE』（Terry Gallagher訳）、現代語訳に『雨月物語』（池澤夏樹＝個人編集 日本文学全集11）など。

Elixir of Life which was given the Princess to drink. 2She swallowed a little and was about to give the rest to the old man, but she was prevented from doing so.

1The robe of wings was about to be put upon her shoulders, but she said:

"Wait a little. 2I must not forget my good friend the Emperor. 3I must write him once more to say good-by while still in this human form."

1In spite of the impatience of the messengers and charioteers she kept them waiting while she wrote. 2She placed the phial of the Elixir of Life with the letter, and, giving them to the old man, she asked him to deliver them to the Emperor.

1Then the chariot began to roll heavenwards towards the moon, and as they all gazed with tearful eyes at the receding Princess, the dawn broke, and in the rosy light of day the moon-chariot and all in it were lost amongst the fleecy clouds that were now wafted across the sky on the wings of the morning wind.

1Princess Moonlight's letter was carried to the Palace. 2His Majesty was afraid to touch the Elixir of Life, so he sent it with the letter to the top of the most sacred mountain in the land. 3Mount Fuji, and there the Royal emissaries burnt it on the summit at sunrise. 4So to this day people say there is smoke to be seen rising from the top of Mount Fuji to the clouds.

THE BAMBOO-CUTTER AND THE MOON-CHILD

translated by Yei Theodora Ozaki

[1]Then the messenger called aloud, saying: "Princess Moonlight, come out from this lowly dwelling. [2]Rest not here another moment,"

[1]At these words the screens of the Princess's room slid open of their own accord, revealing the Princess shining in her own radiance, bright and wonderful and full of beauty.

[1]The messenger led her forth and placed her in the chariot. [2]She looked back, and saw with pity the deep sorrow of the old man. [3]She spoke to him many comforting words, and told him that it was not her will to leave him and that he must always think of her when looking at the moon.

[1]The bamboo-cutter implored to be allowed to accompany her, but this was not allowed. [2]The Princess took off her embroidered outer garment and gave it to him as a keepsake.

[1]One of the moon beings in the chariot held a wonderful coat of wings, another had a phial full of the

『竹刈り人（バンブー・カッター）と月の子供（ムーン・チャイルド）』

その使者は大きな声でこう呼ばわって、

「月光の姫（プリンセス・ムーンライト）、このような陋屋（ろうおく）においでとは。一刻もはやくお離れ下さい」

この言葉に従うように姫の部屋のスクリーンがひとりでに開き、比類のない美しさに光り輝く姫の姿があたりを照らした。

使者は彼女を導いて、馬車の中へと座らせる。彼女は見返り、別離を悲しむ老爺の顔をいたわりをこめて見つめた。慰めの言葉を次々に投げ、この家を離れるのは本意ではなく、月を眺めるときにはきっと自分のことを思い出して欲しいと告げた。

竹刈り人は一緒に連れて行ってもらえないかと懇願したが無理である。姫は一面に刺繍の施された上着をとると、よすがとして彼に与えた。

馬車で待つ月の種族たちのうちの一人が美しいウィング・コートを取り出し、また別の者は小さな瓶にいっぱいの不死の霊薬を、姫に飲むようにと差し出した。彼女は一口くちをつけ、残りを老爺へ渡そうとしたが許されなかった。

使者がウィング・コートをかけようとするのを留め、

「お待ちなさい。心をかけて下さった皇帝陛下に何も知らせぬわけにはいきません。まだ人の形でいられるうちにもう一度、お別れの言葉をお伝えします」

そうして、使者や御者たちなどはそこにいないかのように、手紙をしたためた。彼女は不死の霊薬の入った小瓶を手紙に添えて老爺に託し、皇帝の許へと届けてくれるように頼んだ。

馬車はようやく天上へ向け月を目指して駆け上り、涙にくれる老爺たちが姫の行方を見守るうちに夜は明け、月の馬車とそれにまつわる全てのものはバラ色の空へ、朝の風にたなびきながら空を横切る霞のような雲の中へ溶け去っていった。

月光の姫の手紙は無事、宮中まで届けら

れた。皇帝は不死の霊薬に触れることをはばかり、手紙と共に、国で最も神聖とされる山の頂きへと運ばせた。フジの山がそれであり、皇帝の特使たちは日の出とともに、山頂でその品々を火にくべた。今日でもなお、その煙がフジの頂きと雲を繋いでいるのが見えるのだという。

（円城塔・訳）

『バンブー・カッターと月の娘』

　そのとき使者が大声で呼ばわりました。

「プリンセス・ムーンライト、しもじもの住まいからお出ましください。いっこくのゆうよもなりませぬ」

　その声がひびくや、プリンセスの私室の引き戸がひとりでにすーっと横にひらき、まばゆいばかりの美ぼうにかがやくプリンセスがすがたを現したのです。

　使者はプリンセスをエスコートし、馬車にお乗せしました。プリンセスがふり向くと、そこには、悲しみにがっくりと肩をおとしたじいさまがいるではありませんか。おかわいそうに。プリンセスはしきりとなぐさめの言葉をかけ、こう言いました。「あなたのもとを去りたくて去るのではありません。これからは月を見るたびに、どうぞわたしのことを思いだしてください」

　年おいたバンブー・カッター（竹をとって農具やかごを作る職人のこと）は「わしもつれていっておくれ」とけんめいにたのみましたが、「それはなりません」とプリンセスは言うのでした。プリンセスは美しいぬいとりのあるガウンをぬぐと、それを思い出の品として、じいさまにあげました。

　馬車に乗ってきた月ぐにの家来のひとりが、羽でできた夢のようなローブをかかげ、もうひとりが不老不死のくすりの小びんをプリンセスにおわたしして、どうぞおのみください、と言いました。プリンセスはくりすを少し飲み、残りをじいさまにあげようとしましたが、止められました。

　いよいよ羽のローブが肩にかけられようというとき、プリンセスは言いました。

「しばし。いとしい帝を忘れてはならぬ。この世のすがたでいるうちに、いまいちど、あのかたに文をしたためて、お別れをもうしあげよう」

　もどかしげな使者や馬車のぎょしゃたちをよそに、プリンセスは帝に文をしたためました。そして、その文に不老不死のくすりをそえて、じいさまに手わたし、「これをどうか帝におとどけください」とたのんだのです。

いよいよ馬車はふわりとうかびあがって、月へと天高くのぼっていきます。遠ざかってゆくプリンセスの馬車が、じいさまとばあさまの目には、なみだでかすんで見え、そうするうちにもあさぼらけの光がさして、空がうすべに色の朝やけにそまるなか、やがて、月ぐに人(びと)たちを乗せた馬車は、あかつきのそよ風にただようわた雲のむこうに、すっかり見えなくなってしまいました。

プリンセス・ムーンライトの文はミカドの住まう宮殿にとどけられました。ミカドはおじけて不老不死のくすりには手をつけず、くすりに文をそえて使いの者(もの)に持たせ、この国でもっとも神々(こうごう)しい山であるフジ山のいただきに送りだしたのです。このいただきで、使いの者たちは日の出とともにくすりを焚(た)きました。こうして今でも、フジ山の頂上からはけむりが立ちのぼり、雲までとどくと言われているのです。（おしまい）

（鴻巣友季子・訳）

小学校中学年向け海外ファンタジー文体

竹取物語

作者未詳

屋(や)の上に飛ぶ車を寄せて、

「いざ、かぐや姫、穢(きたな)き所に、いかでか久しくおはせむ。」と言ふ。立て籠めたる所の戸、すなはち、ただ開(あ)きに開きぬ。格子(かうし)どもも、人はなくして開きぬ。嫗(おんな)抱きてゐたるかぐや姫、外(と)に出でぬ。え止(とど)むまじければ、ただ仰ぎて泣きをり。

竹取こころ惑ひて泣き伏せるところに寄りて、かぐや姫言ふ、「ここにも、心にもあらで、かくまかるに、昇らむをだに見送り給へ。」と言へども、「なにしに、悲しきに、見送りたてまつらむ。われを、いかにせよとて、棄(す)てては昇りたまふぞ。具(ぐ)して率(ゐ)ておはせね」と、泣きて伏せれば、御心惑ひぬ。「文を書き置きてまからむ。恋しか

らむ折々、取り出でて見給へ」とて、うち泣きて書く言葉は、

この国に生まれぬるとならば、嘆かせたてまつらぬほどまで侍らで、過ぎ別れぬること。返すがへす本意なくこそおぼえ侍れ。脱ぎおく衣を形見と見給へ。月の出でたらむ夜は、見おこせ給へ。見捨てたてまつりて、まかる空よりも落ちぬべき心地する。

と書き置く。

天人の中に持たせたる箱あり。天の羽衣入れり。またあるは、不死の薬入れり。一人の天人言ふ、「壺なる御薬たてまつれ。穢き所の物きこしめしたれば、御心地悪しからむものぞ」とて、持て寄りたれば、いささか嘗め給ひて、少し形見とて、脱ぎ置く衣に包まむとすれば、ある天人包ませず。御衣を取り出でて着せむとす。その時、かぐや姫、「しばし待て」と言ふ。「衣着せつる人は、心異になるなりといふ。もの一言、言ひ置くべきことあり」と言ひて、文書く。天人、「遅し」と、心もとながり給ふ。かぐや姫、「もの知らぬことなのたまひそ」とて、いみじう静かに、おほやけに御文たてまつりたまふ。あわてぬさまなり。

かくあまたの人を賜ひて、止めさせ給へど、許さぬ迎へまうで来て、取り率てまかりぬれば、口惜しく悲しきこと。宮仕へつかうまつらずなりぬるも、かくわづらはしき身にて侍れば。心得ず思しめされつらめども、心強く、承らずなりにしこと。なめげなるものに思しめしとどめられぬるなむ、心にとまり侍りぬる。

とて、

今はとて天の羽衣着るをりぞ
君をあはれと思ひいでける

とて、壺の薬そへて、頭中将呼び寄せて、奉らす。中将に、天人取りて伝ふ。中将取り

つれば、ふと天の羽衣うち着せたてまつれば、翁を「いとほし、かなし」と思しつることも失せぬ。この衣着つる人は、もの思ひなくなりにければ、車に乗りて、百人ばかり天人具（ぐ）して、昇りぬ。

その後（のち）、翁・女、血の涙を流して惑へど、かひなし。あの書き置きし文（ふみ）を読み聞かせけれど、「なにせむにか、命も惜しからむ。誰（た）がためにか。何事も用もなし」とて、薬も食はず、やがて起きも上がらで、病（や）み伏（ふ）せり。中将、人々引き具して帰り参りて、かぐや姫をえ戦ひ止めずなりぬること、細々（こまごま）と奏す。薬の壺に御文添へて参らす。広げて御覧じて、いといたくあはれがらせ給ひて、ものもきこし召さず、御遊びなどもなかりけり。大臣（だいじん）・上達部（かんだちめ）を召して、「いづれの山か天に近き」と問はせ給ふに、ある人奏す、「駿河（するが）の国にあるなる山なむ、この都も近く、天も近く侍る」と奏す。これを聞かせ給ひて、

逢ふこともなみだに浮かぶわが身には
死なぬ薬もなににかはせむ

かの奉る不死の薬、御文、壺具して、御使ひに賜はす。勅使には、調岩笠（つきのいわかさ）といふ人を召して、駿河の国にあんなる山の頂に持て着くべきよし、仰せ給ふ。嶺（みね）にてすべきやう教へさせたまふ。御文、不死の薬の壺並べて、火をつけて燃やすべきよし、仰せ給ふ。そのよし承りて、士（つわもの）どもあまた具して、山へ登りけるよりなむ、その山を「富士の山」とは名づけける。その煙（けぶり）、いまだ雲の中へ立ち昇るとぞ、言ひ伝へたる。

（原文）

鴻巣　ん？　もしかしたら円城さんと私の訳はけっこう似ているかもしれませんね。

円城　アイテム化して訳す方法が似てますね。プリンセス・ムーンライト、バンブー・カッター、ウィング・コート……。

鴻巣　私のほうから説明しますと、海外児童文学の文体で、小学校中学年から読めるレベルを目指した訳文でございます。円城さんは「月光の姫」にルビで「プリンセス・ムーンライト」と振っています。はじめからこうしようと思われたのですか。

円城　いや。今日家を出てくる直前に、「あ、ルビにしちゃえ」と思いつきまして。

鴻巣　日本の翻訳文化のルビ技(わざ)は明治時代以前まで遡りますが、日本人はほんとうにルビを駆使してきたんです。フランスのサンボリズムの詩もルビ技で切り抜けています。一九九〇年代は、ウィリアム・ギブソンやルディー・ラッカーの翻訳で知られる黒丸(くろま)尚さんがさらに推し進めたというか洗練させたと言えるでしょうか。「転じる」に「フリップ」と振るなんて、すごくかっこいいなあと思いながら読んでいました。そして、このルビ技の伝統は円城さんと伊藤計劃(けいかく)さんの『屍者の王国』にも受け継がれていますね。

円城 伊藤計劃さんが黒丸文体を使っているので、『屍者の王国』は黒丸文体を強調していま す。句読点で文章を切って、改行する技も黒丸さんのものです。今回、僕も『竹刈り人(バンブー・カッター)と月の子供(ムーン・チャイルド)』でやっています。

鴻巣 「その使者は大きな声でこう呼ばわって、／「月光の姫(プリンセス・ムーンライト)、このような陋屋においでとは。一刻もはやくお離れ下さい」」ここですね。じつは私もときどきこの書きかたを使います。

円城 意識している人だと黒丸文体だとわかります。

鴻巣 そうなんですね。誰に教わったわけでもないのに、いつのまにか使っていて、不思議な文体だなと思っていましたが、黒丸さんがはじめたとは。

暴れたいのに暴れられないじれったさ

鴻巣 冒頭は Then the messenger called aloud, saying このように英語の文章は say や think などの動詞が必要です。でも、日本語にした場合はいらないことが多いと思いませんか。たとえば angrily said は「怒ったような声だった」でも「怒っているようだった」でもいい。だけど訳するときは、said とあるので「言った」と書かなければいけない気持ちになる。

円城 黒丸文体的だと「怒ったように、『〜』」も可能になる。黒丸文体はとても便利ですよ。

鴻巣 円城さんにはラフカディオ・ハーンの『耳なし芳一』を訳した「ミミ・ナシ・ホーイチ

の物語」がありますよね。

円城　ハーンはMr. セミコロンと呼ばれるだけあって、コロンやセミコロンがすごく多かったのを覚えています。コロンと言えば、冒頭文のsayingのあとにコロンがあります。そのあとに“Princess Moonlight, come out from this lowly dwelling. Rest not here another moment,”と続く。このコロンをどう扱えばいいのか迷いました。

鴻巣　コロンは「すなわち」などの意味なので、この英文のように、台詞の前にわざわざ置かなくてもいいんじゃないかと思ってしまいますが、会話文を導く役割がありますね。

円城　つながってるの？　切れてるの？　どっちなの？　って感じです。

鴻巣　ふつうはコロンではなく、カンマでいいですね。called aloudだけでも充分なぐらいです。円城さんは『The Bamboo-Cutter and the Moon-Child』を翻訳してみて、どのような印象を受けましたか。

円城　暴れて翻訳したいと思いながら、暴れられないじれったさがありました。bamboo-cutterという単語をうまく使いたかったのですが、そのまま「バンブーカッター」とカタカナのままでは進められないなと踏みとどまってしまって……。僕の場合、最初の台詞ですべて決まった気がします。

鴻巣　“Princess Moonlight, come out from this lowly dwelling. Rest not here another moment,”ですね。

円城　Princess Moonlightは響きがおもしろいので、最初、そのまま使おうと考えました。

鴻巣　私は Princess Moonlight を「プリンセス・ムーンライト」とそのまま訳したときに、物語全体の文体が決まりました。つまり、語の響きから、児童文学の文体がちょうど良かろうと。ただ、私が子供のころの海外児童文学はすこし古風な表現があった気がします。「未曾有の」とか「驚天動地」とか「〜におわす」なんて言葉も使われていた。当時は何のことだかわからなかったけれど、古い言葉が多くて、それがむしろ「外国っぽい」ような印象をもっていました。ですから、今回は古い言葉も入れながら平たく訳すという方針で行きました。そこで、「プリンセス・ムーンライト、しもじもの住まいからお出ましください。いっこくのゆうよもなりませぬ」となりました。

円城　僕は「月下の姫(プリンセス・ムーンライト)、このような陋屋(ろうおく)においでとは。一刻もはやくお離れ下さい」。この lowly dwelling は、わざとこの言葉を使ったのでしょうか。あまり使わないですね。

鴻巣　そうですねえ。「下界」と掛けているのですかね。さて、原文の原文はどうなっているのでしょう……。「いざ、かぐや姫、穢(きたな)き所に、いかでか久しくおはせむ」。ちなみに原文からの現代語として川端康成訳は「さあ、かぐや姫よ、こんな汚いところにいつまでおいでになっても致し方がございません」。星新一訳は「さあ、かぐや姫よ。帰れる時が来たのです。このようにけがれた地、おろかな人の多いところに、とどまっていなくてもよくなったのです。お出になって下さい。どうぞ」です。青空文庫の和田萬吉訳は「さあ〳〵姫(ひめ)、こんなきたないところにゐるものではありません」とあります。

円城　英文の台詞は「かぐや姫よ、出てきなさい！」という趣旨の文章です。いっぽう、日本語で書かれた原文をいま見ますと、「いざ、かぐや姫。穢き所に、いかでか久しくおはせむ」と書かれていて、汚い場所が強調されている。僕が原文を覚えていなければ「出てきなさい」という趣旨に集中できたのですが、何度も書き直しているうちに原文がよみがえって響いてきた。それで、原文に引きずられた中途半端な文体になってしまったんです。

鴻巣 「月光の娘（プリンセス・ムーンライト）、このような陋屋においでとは。一刻もはやくお離れ下さい」たしかに「陋屋」はこの英文からは発生しにくいですね。「おいでとは」という文体もたしかに日本語原文に近い響きがあります。

円城 ほんとうはムーンライトやバンブーカッターで気持ちは盛り上がっていたのですが、lowly dwelling で本来の原文に負けてしまったわけです。なので、僕は冒頭文でバランスを崩したまま、復旧できなかった。

鴻巣 「ムーンライト」で作家円城塔の独創性に火が点いたのに、lowly dwelling でちょっとなえちゃった？　うーん、興味深いです。ロシア文学者の神西清が「翻訳とは生木のようにくすぶり続けるのが運命である。自然の法則に反して燃えることを強いられているからだ」と言っているそうですよ。

「激動の」とくれば「時代」

鴻巣 私は原文を完全に忘れていて、「羽衣」という言葉も出てこなかったくらいです。私の訳は「プリンセス・ムーンライト、しもじもの住まいからお出ましください。いっこくのゆうよもなりませぬ」。

円城　僕もこの台詞と最後くらいしか覚えていなかったのですが、「いざ、かぐや姫。穢き所に、いかでか久しくおはせむ」という台詞のイメージが強かったので、まったく知らない国の昔話とは読めなかった。

鴻巣　今回は、英訳を原文としながら、どうしてもその向こうに私たちが読んで育った日本語のオリジナルが透けて見えてしまう、ということですね。原文が思い浮かばなかったとはいえ、私も原文の影響から逃れきったとは言えません。はじめ私は冒頭の Then the messenger called aloud, saying の messenger を「使者」と訳さずに「伝令」としたとき、古代ローマ劇のような文体にしようと考えていました。ただ called aloud を「大声で呼ばわった」と訳した瞬間に『竹取物語』がかすかに響く気がしました。というのも、ふだん私は called aloud を「呼ばわる」と訳さないだろうからです。

円城　わかります。僕も「呼ばわって」としました。ここは僕と鴻巣さんは同じですね。僕は「その使者は大きな声でこう呼ばわって」。鴻巣さんは「そのとき使者が大声で呼ばわりました」。

鴻巣　another moment を「一刻も」と訳しているのも同じです。私は「いっこくのゆうよもなりませぬ」。

円城　僕は「一刻もはやく」です。似てますね。

鴻巣　そうか、another moment と出てくると「一刻も」と訳したくなるのか。そして、たとえば「激動の」とくれば「時代」が続くように、another moment は「一刻も」とくれば「猶予」が続きます。で、円城さんは「はやく」というもうひとつの枕詞が出てきた、と。Come out from がむずかしい。何度も考えました。「お出ください」や「おいでください」ではおかしいし……。

円城　やはり「離れる」ではないですか……。

鴻巣　「離れる」も考えました。

円城　最初のニュアンスとしては、「出てこい」なんですよね。でも、「出て来なさい」とはなぜか訳せない。

鴻巣　円城さんは「お離れ下さい」、私は「お出ましください」。これは日本語の原文のニュアンスに引き戻された感じですよね。

かぐや姫は照明器具のような存在

鴻巣　第二パラグラフに移りましょうか。the Princess shining in her own radiance, bright and wonderful and full of beauty. は冗長じゃありませんか。どれだけ輝けば気が済むんだ、と言いたくなる(笑)。私は「まばゆいばかりの美ぼうにかがやくプリンセスがすがたを現したのです」。さて、円城さんはどれだけ輝かせているのでしょう。「比類のない美しさに光り輝く姫の姿があたりを照らした」。「光り」と「輝く」が入っているので、英訳文にほぼ相当するほど輝いています。

円城　これは比喩ではなく、ほんとうに光っていて明るいのでしょう。かぐや姫自身の美しさで発光していて、光がもれてくるということだと理解しました。

鴻巣　なるほど「発光作用」なのですね。比喩ではないから強調する必要があるということですか。だから her own radiance が必要なことはわかります。しかしなにも前後から shining と bright and wonderful and full of beauty で挟まなくてもいいのではと思います。

円城　かぐや姫はいわば照明器具のような存在なのでは。

鴻巣　衝撃の事実ですね！　たしかに bright は輝度を表わしていて、own radiance が光源を表わしています。そうして shining は光っているという状態の総括。

円城　そうです。かぐや姫は、照らされて光っているのではなく、ほんとうに自分から光っていて、その輝かしい光が美しい。だからすべて必要な語なのかと考えました。

鴻巣　文系とは読みがちがいますねー。At these words the screens of the Princess's room の the screens も妙な感じがしました。the sliding doors（引き戸）ではないのかなあ。私は「プリンセスの私室の引き戸」と訳しましたが、the screens of the Princess's room よりも the sliding doors of the Princess's room と訳してくれるほうが楽だった(笑)。べつに重訳者のことなど考えて訳してはいないでしょうけど……。でも、重訳者って、いわばこの英訳文の〝読者〟のことでもありますよね。

円城　これは襖なんですか。

鴻巣　障子でしょうか。

円城　雨戸かもしれません。

鴻巣　door ではなくあえて screen にしたのでしょうね。

円城　なにか滑らせたいのではないですか。

鴻巣　それが横に開くと、自らの力で輝くかぐや姫がいるというイメージですね。

円城　ラフカディオ・ハーンの訳も screens にしていますから、ここは伝統的に screens と訳されているのかもしれません。screens を開いた先に、発光しているかぐや姫がいたと理解しています。

鴻巣　円城さんは「発光」という言葉が自然と出てくるからおもしろいです。頭のなかにかぐや姫が光るイメージとしてあっても、物体として発光していることを意識しているのと、していないのとでは訳しかたがずいぶん変わります。発光するとなると、やっぱり door よりも screen のほうがいいですね。いかにも劇場的というか、シアターっぽい感じがする。

円城　今回のテキストにはありませんが、この場面での光りかたは、かぐや姫が竹のなかにいたときの光と同じ光りかただと思います。竹を通すほどにビカビカと輝く光です。まあ、訳し苦しむうちにそう考えるようになったんですけど。

鴻巣　冒頭の反復ですね。冒頭部分で、かぐや姫はこの世ならざる存在だったわけですから、たしかにこの時点でその神秘性が戻ってきたと考えてもいいのかもしれません。原文はどうなっていますか？

円城　ん⁉　原文は「立て籠めたる所の戸、すなはち、ただ開きに開きぬ。格子どもも、人はなくして開きぬ」。不思議な力で開いてはいるけれども、光ってはいないようです。……光ってない！

鴻巣　そんな！　ここがいちばん大切な場面なのに。原文は光ってないの⁉

円城　訳者のイメージなんでしょうね。

鴻巣　光らせたいじゃありませんか、だって！　竹を割ったときのイメージにもう一度戻すという工夫は巧いですよね。

円城　暗闇のなかでスクリーンが開いて輝いている。月光の姫が夜明けとともに消えていくときの場面ともなんとなくつながっている。うーん、これは巧い。天照大神のようでもあり、いいですよね。ただ、これほど眩しいほどに光っていると、日常生活を送るうえで支障をきたすのでは、と思いました。

鴻巣　そこに疑問がいきますか（笑）。日常生活では光っておらず、迎えがきたことによって光りはじめたという設定は？

円城　それなら筋が通りますね。使者が来たという描写の後に光るなどの工夫が必要です。読み手としても「え？　今までも光ってたの？」「暗くなると光るの？　かぐや姫は街灯なの？」と混乱してしまう。

鴻巣　そうですねえ。英訳には英訳の世界のロジックが築かれているのですね。私は外国文学の翻訳文体を意識したので、場合によっては「スクリーン」とか「スライディングドア」としようとしたのですが、むしろここは「私室（ししつ）」といったちょっと文語的な言葉や「引き戸」という昔の言葉があったほうがいいと思いました。

円城 僕のはSFっぽくしようとしてできないでいる訳ですね(笑)。ガジェットを導入しようとして浮いている。

鴻巣 この光り輝く場面は、思い切りSFっぽくできたのではないですか。

円城 『未知との遭遇』みたいにですか(笑)。

現在形で訳文の速度を止める

円城 英訳文はぜんたいとして場面の展開が早い気がします。

鴻巣 ホラー映画みたいな進みかたですね。

円城 次の段落なんてもう馬車に乗っています。

鴻巣 The messenger led her forth and placed her in the chariot. あ、ほんとうだ、もう乗ってる。円城さんは「使者は彼女を導いて、馬車の中へと座らせる」にしています。私は「使者はプリンセスをエスコートし、馬車にお乗せしました」です。英文は led しか入っていないのですが、もうすこしみやびさが欲しい気がして、ここは児童向け海外文学っぽく「エスコート」という言葉を使ってみました。

円城　僕の訳は、今回地の文は基本的に過去形を使っていたのですが、ここだけはすわりが悪くて現在形で書きました。

鴻巣　あ、それって、訳者の円城さんの気持ちとして、いきなり座ってほしくなかったんじゃないですか？

円城　おっしゃる通りです。格子が開いた↓かぐや姫が光った↓馬車に乗ったでは展開が早すぎ。

鴻巣　省略があるということですね。英語の文章は、はじめにまとめを言ってから、細かい描写に移るという傾向があります。「彼は傷ついたのだ」という文章があって、その後に「彼女に意地悪を言われて、足蹴にされて、バイトを休んだ」といった具体的な文章が来る。その後、さらに「彼は打ちのめされた」と来ると、話題の抽象度のレベルが行ったり来たりして訳すのに困ることがあります。しかし、ここではとくに具体的な描写が続かずに……。

円城　緩急のリズムがなくノペーとしている。

鴻巣　そうそう。発光度に関する細かい説明のあとに、あまりにもいきなり動作が進んでいませんか、と言いたくなる(笑)。円城さんは現在形を使うことで訳文の速度を止めようとしたんじゃないかな。ちょっと待て、と。

円城　そういうことですね。鴻巣さんも led という短い単語に対して、「エスコート」という長い単語を使い、あえて間延びさせている感じがします。

鴻巣　私もくだくだ書かないといけない気持ちがどこかにあったんですよ。「エスコート」という言葉であまりに簡潔な led への抗いをしたんですね(笑)。

三人称ではじまって一人称で終わる文体

鴻巣　次は She looked back, and saw with pity the deep sorrow of the old man. です。looked back したのち saw と続けるのは注意深い書きかただと思います。先日、オー・ヘンリーを読んでいて、she looked back at と書かれているのに出会いました。look は「意識して見る」という意味ですが、see は「(無意識に)目に入る」「見えている」という状態動詞です。つまり、振り返ってみた→そこにおじいさんがいた、という順番で書かなければならない。looked back at ～だと、予め後ろに何かあるのを知っていて振り向き、それを見たというふうにとれてしまう。「過去を振り返る」とか「見つめ返す」とかならわかりますが、その文章はそういう文脈ではなかった。さて、円城さんは「彼女は見返り、別離を悲しむ老爺の顔をいたわりをこめて見つめた」と正確です。

円城　鴻巣さんは「プリンセスがふり向くと、そこには、悲しみにがっくりと肩をおとしたじいさまがいるではありませんか」。(お爺さんがいるとは)知らずに、振り向くと悲しげなお爺さんの姿があったという動作と、悲しむお爺さんがそこにいると確信して振り向くとではかなりちがいますね。

鴻巣　私はこの一文を若松賤子(しずこ)さんにならって、「見た」という動詞は訳さずに、プリンセスの視点に立って書いてみました。若松さんは『小公子』の名訳で知られる、明治時代に活躍された翻訳者です。黒丸文体ならぬ若松賤子文体です。プリンセスという三人称からはじまって一人称のような視点と口調文体で終わっています。『小公子』にもよく出てくる訳しかたです。

円城　ただ、deep sorrow は誰の意見なんでしょう。

鴻巣　これは語り手の意見じゃないでしょうか。私は子供向けに翻訳したので、「がっくりと肩をおとした」というように、内面よりも外面から書いています。pity のほうは「おかわいそうに」と加えて、心の声にしてみました。

円城　僕は翻訳調にして「いたわりをこめて」としました。

鴻巣　with ～ という文はむずかしいですね。たとえば、「驚きとともに見た」となると行為が忙しい。ほんとうは「見て↓驚いた」の順のはずです。この一文も、振り返って↓見て取って↓可哀相だと感じるという忙しさがありますね。いきなり説明っぽくなったと思ったら、今度はやけに内情を描くというバランスがなんとも……。

円城　話の展開にもっと余裕をもって欲しいですが……説話っぽい感じがします。話のバランスの取りかたがモダンな作法にしたがっていない。

鴻巣　この古風な書きかたによってSF調にしにくくなったのでしょうか。この英文テキストは一九〇八年にアメリカで出版され、訳者不詳のようです。

円城　『竹取物語』を訳してみて、SFはモダンな文体をもつジャンルなのだとわかりました。

これは発見です。このテキストはウィング・コートやスクリーンなどのガジェットは揃っているのですが、ＳＦにしてはすこし形容詞が足りない。もうすこし形容詞があれば何かできたのではないかなと思います。

「バンブー・カッター」は響きがいい

鴻巣　第三パラグラフの三文目 She spoke to him many comforting words, and told him that it was not her will to leave him and that he must always think of her when looking at the moon. の told him that it was not her will to leave him では意識的に間接話法を直接話法で訳してみました。子供向けということで。

円城　「プリンセスはしきりとなぐさめの言葉(ことば)をかけ、こう言いました。「あなたのもとを去(さ)りたくて去るのではありません。これからは月を見るたびに、どうぞわたしのことを思いだしてください」」

鴻巣　昨今は、読みやすさのために、間接話法は直接話法にすべし、という意見も強いようです。判断の分かれるところだと私は思います。ヴァージニア・ウルフの小説をすべて直接話法に書き換えたら怒られるでしょう。

円城　怒られます(笑)。むしろ小説全部をカギカッコに入れてしまうくらいでないとだめでしょう。

鴻巣　なるほど！　ウルフの場合はすべてをカギカッコに入れるのか。するどい提案をいただきました。今回は読みやすさを優先して直接話法にしてみたんです。

円城　そのことで読みやすくなっています。

鴻巣　that 以下が長いのであれば直接話法もときには有効ですが、今回はそこまで長くもないので、どちらでもよかったのかもしれません。ただ、小学生中学年レベルだとカッコに入れたほうが読みやすいかなと思いまして。

円城　そうですね。ここは文体の方針によるところです。

鴻巣　円城さんは第四パラグラフの The bamboo-cutter implored to be allowed to accompany her, but this was not allowed. の The bamboo-cutter を「竹刈り人」としていますね。タイトルも「竹刈り人(バンブー・カッター)と月の子供(ムーン・チャイルド)」です。私は「バンブー・カッター」にし、さらに「(竹をとって農具(のうぐ)やかごを作る職人(しょくにん)のこと)」と注釈をつけることで、外国の話であることを強調しました(笑)。

円城　「竹刈り人」としましたが、ほんとうは「バンブー・カッター」にしたかった。「ムーン・チャイルド」は「月の子供(ムーン・チャイルド)」とルビにしましたが、ルビが二つあるとうるさい気がして。「バンブー・カッター」は響きが格好いいですし、何をしているかわからない神妙性があります。

鴻巣　怖いは怖いですけど。『13日の金曜日』のジェイソンとか(笑)。

円城　「バンブー・カッター」が文中でもっと活躍してくれると、さらにこの単語が強調されていいと思うのですが。

鴻巣　言葉が繰り返されるほど、語が定着してイメージができてきます。五回くらい The bamboo-cutter を繰り返して欲しかったです。ここ一回しかないとなあ。

円城　この一回だけだと発掘された資料のようで、イメージとしてもうひとつ足りない。『The Bamboo-Cutter and the Moon-Child』は文中に特徴的な単語がいくつかあったので、反復することができればさらにおもしろく訳せたと思います。

読者へのおまかせ度

円城　僕は同文中の this was not allowed の this が何を指しているのかわからなかったんです。とりあえず、周りにいる人かなと思ったのですが。

鴻巣　「だめ」と言ったのは moon being なのではないかと思っていました。ただ、私は会話の流れで、プリンセスが断ったかのように創作して、「『それはなりません』とプリンセスは言うのでした」にしました。

円城　僕は周りの人が止めたのかと思いました。ただ、第五パラグラフの二文目 She swallowed a little and was about to give the rest to the old man, but she was prevented from doing so. この文でも、かぐや姫が月の種族から断られているので、「許されない」という言葉を避けて「無理である」とだけにしました。

鴻巣　円城訳は「竹刈り人は一緒に連れて行ってもらえないかと懇願したが無理である」。日本語の原文ではここはどうなっていますか？

円城　ええと、相当する場面も動作もないですね。お爺さんは泣き伏して、かぐや姫はおろおろしながら見ているだけ。しかも、手紙は帝（みかど）だけでなく、お爺さんにも渡している。英訳文はかなり内容を変えています。抜粋された英文だけではプリンセスのキャラがわからないので、困ってしまいました。姫を偉くするか、偉くしないかによって this の訳しかたは変わってくると思います。

鴻巣　なるほど。姫が受け身で従っているか、自分の意思を発動して断っているかということですね。私は姫が主導権をもっているとして訳しました。

円城　鴻巣さんは次の The Princess took off her embroidered outer garment and gave it to him as a keepsake. の embroidered outer garment を「ぬいとり」として傍点を振ってますね。これはいいですね。読者へのおまかせ度が高い、うまい言いかたです。

鴻巣　昔読んだ『赤毛のアン』でもすこしむずかしい言葉が出てきたときに、漢字をひらがなにして、さらに意味を読みちがえないために傍点が打つことがありました。付け毛のことを「かもじ」とひらがなにして傍点を振ったりね。

円城　ありましたね。embroidered がむずしいですね。僕は意味が伝わることを優先して「一面に刺繍が施された」としてしまいました。

鴻巣　carved という単語なども訳しにくいですよ。彫刻のほどこされた家具とかで carved furniture なんて、どの程度の彫り物をしているのかがわからない。

円城　僕は「このコートはワンポイント刺繍じゃないよな」と思いながら訳していました。

鴻巣　月のかたちのワンポイント刺繍だったらいやだな(笑)。

円城　これは織物ではなく指物ですよね。

鴻巣　ええ。和服用語集などを見れば、もうすこし相応しい言葉があると思います。ただ、今回は円城さんも私も海外文学として訳しているので、和服用語をわざわざ使わなくてもいいと思います。

第五パラグラフ第一文 One of the moon beings in the chariot held a wonderful coat of wings, another had a phial full of the Elixir of Life which was given the Princess to drink. は特徴的なアイテムが多く登場します。まず、円城さんは the moon being を「月の種族」にしたのですね。

円城　「ムーンレイス」くらいの勢いにしたかったのですが、ここも冒頭の台詞のせいで踏みとどまってしまいました。

鴻巣　私も「ムーンピープル」くらいにしたかったんですが、moon people とは描かれてないんですよね。

円城　moon people でよさそうですけどね。「月の者たち」にすると急にホラーっぽくなりますし、ここは訳しかたによって場面の印象が変わる所だったかもしれません。

鴻巣　chariot は四輪馬車のことも指しますが、古代ローマの戦(いくさ)などで使われた二輪で立って乗るものも chariot ですね。

円城　映画『グラディエーター』で走り回っている二輪車ですね。chariot というひと言で済ましていて特殊な乗り物感がないので、「戦車」と訳すには強すぎると思い、「馬車」かなあと。それでこうしました。「馬車で待つ月の種族たちのうちの一人が美しいウィング・コートを取り出し、また別の者は小さな瓶にいっぱいの不死の霊薬を、姫に飲むようにと差し出した」。chariotを戦車にするにはもうすこし形容詞が必要になると思います。

鴻巣　carriageではないので、箱形の乗り物ではないのか。屋根がないのですかね。

円城　僕のイメージだと舟っぽいものかと思っていたんですが、第八段落一文目にThen the chariot began to roll heavenwards towards the moon,（円城訳「馬車はようやく天上へ向け月を目指して駆け上がり」）とあります。roll（転がる）なので、この訳者のなかでは完全に車になっているんですね。英文では、どうもその車に人がいっぱい乗っているらしいことはわかる。しかし人の数からすると船っぽいイメージです。車ならゴロゴロと動く大きなものなのでしょう。あ、原文はどうなっているんでしたか。

鴻巣　ええと、「屋の上に飛ぶ車」という文があります。

円城　「飛ぶ」は重要な形容詞です。英文もなにか馬鹿っぽい形容詞を付け加えてくれれば、「神の舟」みたいな想像力を発揮できたのに。

鴻巣　「天船」とか。

円城　「岩船」とか。

音引きがないほうが神秘的な場合

鴻巣 英文は何もかもさっぱりとした文章になっていますね。a wonderful coat of wings、これが原文の「羽衣」になるわけですが、wonderful といっても何が素晴らしいのかがはっきりしません。

円城 僕は wonderful を省略して、アイテムを強調するために「ウィング・コート」で統一させました。coat of wings という響きからは、ひらひらとした羽衣のイメージは浮かびませんでした。がっつり本物の羽が付いたコスチュームのイメージです。

鴻巣 戦いのときに古代ローマの戦士が着た鎧のような硬質な感じでしょうか。

円城 羽が飛びでている感じです。

鴻巣 戦闘的な羽なのかな。

円城 その意味ではワルキューレが近いかもしれません。それからアイテムつながりで、the Elixir of Life は「不死の霊薬」としました。

鴻巣 Elixir をどこまで訳すかですね。私は「不老不死(ふろうふし)のくすり」としましたが。

円城 ここは物語最後の「富士」とのからみもあるのですよね。「富士」と「不死」。

鴻巣 不死の薬を焼いた煙がいまだに立ち昇っているので、「その山を「富士の山」とは名づけける」が原文です。

円城　英文はそこは無視しています。しかし英文のままだと、原文のオチがわからなくなるので、なにか足したくなりますね。僕のは、もとの物語を知っているゆえの「不死の霊薬」という訳です。あ、霊薬に「エリクシル」とルビることでアイテムっぽさを出す手もありました。そちらのほうがよかったかなあ。

鴻巣　前の『翻訳問答』で、片岡さんは『冷血』の舞台となったところを「ホルコム」でなく「ハルコーム」と訳されて、その理由は「音引きを入れるとどこかちがう場所という感じがでる」というものでした。しかしElixirの場合は「エリクシル」と音引きがないほうが霊妙な神秘性が感じられるのはなぜでしょう。ラテン語っぽくなるからでしょうか。「エリクシール」だと女性の美肌化粧品になってしまいますし（笑）。

円城　ルビも、「っ」などの促音を、小さくしないほうが、カッコよく見えるのはなぜなのか。いまは音引きは取る傾向にありますね。技術系のなにかの規格で音引きを取るように書かれていたのがはじまりだったそうです。「コンピューター」は「コンピュータ」です。

鴻巣　「ミステリマガジン」も昔なら「ミステリーマガジン」だったでしょう。

円城　ギリシア語もかなり縮まっていますね。「アリステーレース」だったのが「アリストテレス」になったり。

鴻巣　ギリシア語のカナ表記は、長音は省く傾向にありますね。正確に表記すると長音だらけになってしまうので。

第六パラグラフ The robe of wings was about to be put upon her shoulders, but she said:

"Wait a little. I must not forget my good friend the Emperor. I must write him once more to say good-by while still in this human form." では再び黒丸文体が出てきます。「使者がウィング・コートをかけようとするのを留め、「お待ちなさい。心をかけて下さった皇帝陛下に何も知らせぬわけにはいきません。まだ人の形でいられるうちにもう一度、お別れの言葉をお伝えします」」。

円城　The robe of wings は coat of wings とおなじものを指していますので訳し分けず、ここでも「ウィング・コート」としました。

鴻巣　この箇所はプリンセス・ムーンライトが偉い人だとわかります。お前ら待っていろという感じです。

円城　確かに。勝手に手紙を書き出しますからね(笑)。

鴻巣　私は「いよいよ羽のローブが肩にかけられようというとき、プリンセスは言いました。「しばし。いとしい帝を忘れてはならぬ。この世のすがたでいるうちに、いまいちど、あのかたに文をしたためて、お別れをもうしあげよう」」です。

言葉の意味がひっくり返る

円城　最後の human form という単語はかっこいいと思いました。human form の次はどんな形になるのかと想像がふくらみます。

鴻巣　円城さんは「人の形」、私は「この世のすがた」としています。「形」と「すがた」では読者に与える印象が変わりますね。日本語原文を見てみると……「衣着せつる人は、心異になるなりといふ」。……なんとここは「心」としています。ところが、英文は外面を描いている。これはかなりちがいますね。

円城　form というのは存在のありかたですよね。human form でなくなるというのは、命の形態が変わることになる。「心が変わる」程度の生易しいものではない気がします。おそらく霊的な存在になるということですよね。

鴻巣　原文は「衣着せつる人は、心異になるなりといふ」とありますが、「衣着せつる人」はどちらなんですか。着せられた人のことですよね……?

円城　原文に注があります。「天人が天の羽衣を着せかけた人」だそうです。この注でますますわからなくなる(笑)。

鴻巣　つまり、羽衣を着せられた人の心が変わってしまうということでしょうか。あれ?　羽衣を着せた人の心が変わってしまうのかな、ちがうな。

円城　謎ですね。

鴻巣　しかし、原文が「心」と書いているにもかかわらず、なぜこの英訳者は mind ではなく form にしたのでしょうか。in good frame などの frame は心情を表わすことがありますが、form で心の状態を表わすことができるのかしら。

円城　当時の英文がどう聞こえたかはわかりませんが、form という言葉は強く聞こえたような気がします。ちがう文化圏に遭遇している感じです。もしかしたら、訳者はmindではなくformを使うことで、霊的なステージが上がることを強調したのかも。

鴻巣　ウィング・コートを着けることで、ステージがひとつ上がるのですか。

円城　ロールプレーイングゲームのように読んでいます（笑）。

鴻巣　mindをformにすることで、なにか肉体と精神の二元論のようなものが意識されてきますね。

円城　哲学の形相（エイドス）と質料（ヒューレイ）という概念がありますよね。英語だと、形相がformで、質料がmatterなのですが、僕はよく混乱していました。形式と内容が逆じゃないかと思うときがあって……。本質と表層は英語にすると、言葉の意味がひっくり返る感じがします。formは「形式」と訳せますが、僕らが言う「心」のことを書いているようにも感じる。matterが肉体で、formは心なのかもしれないと思うわけです。文化のなかで日本語の形式と英語のformがずれるときがある気がします。

鴻巣　matter（物質）をまとめているものがform（枠組み）という感じ？

円城　形相と質料に関する混乱は、英語圏と日本とで人間の肉体に対する感覚がちがうことから生じているのかもしれません。英語圏では、肉体が比較的雑に扱われている気がします。ハーンが書いた英文の『耳なし芳一』はさばさばしているんです。耳を取られているのに、耳を取られる前と後で心情のちがいが見られない。しかも、耳を取られた原因をつくったお坊さんが「まあ、元気を出せよ」みたいな声かけをしていて驚いてしまいます（笑）。体についての感じかたが日本と英語圏ではちがうと思う。

鴻巣 この form／matter 問題はこれからももっと掘り下げましょう。

切り替えが早すぎて置いていかれる

鴻巣 さて、第八パラグラフは長く、スピード感のある一文です。Then the chariot began to roll heavenwards towards the moon, and as they all gazed with tearful eyes at the receding Princess, the dawn broke, and in the rosy light of day the moon-chariot and all in it were lost amongst the fleecy clouds that were now wafted across the sky on the wings of the morning wind. 円城さんは、「馬車はようやく天上へ向け月を目指して駆け上り、人々が畏怖に打たれて姫の行方を見守るうちに夜が明け、月の馬車とそれにまつわる全てのものはバラ色の空へ、朝の風にたなびきながら空を横切る霞のような雲の中へ溶け去っていった」です。

円城 鴻巣さんは文頭に「いよいよ」と、僕は「ようやく」と入れています。英文にはない言葉ですね。ここは何かを入れないと、場面の切り替えが早すぎて読み手が置いていかれてしまいます。鴻巣さんは「いよいよ馬車はふわりとうかびあがって、月へと天高くのぼっていきます」ですね。

鴻巣 文頭で「いよいよ」としたのは、まずは走りだすんじゃなくて、いきなり heavenwards に昇っていくのかー、と思ったからです。しかも roll と heavenwards が像を結びにくかった。

水平に回転しているものが、天に昇るという情景はイメージしにくくありませんか。それこそSFの円筒形状の飛行船を思い浮かべてしまいました。

円城 その点に関して僕は「銀河鉄道999」のイメージがあって、roll を汽車の車輪だと考えたこともあり、あまり違和感がありませんでした。

鴻巣 ゆるやかに斜めに昇るんですね。なるほど。英文の訳者はどんなイメージで訳したんでしょう。

円城 heavenwards なので、昇天のイメージはあったかと思います。

鴻巣 私はもうすこし動作がほしいと思い、「ふわりと」を加えました。日本語の「かぐや姫」には、気球のように垂直に浮かび上がるイメージがありませんか？

円城 僕は月へ続く斜面を想定していたので roll を「駆け上り」としています。

鴻巣 私はぐずぐずと迷ってテキストに鉛筆でメモを書いています(笑)。

円城 ……ん？ いま、自分のまちがいに気づきました。同文中の they all gazed with tearful eyes at the receding Princess, the dawn broke の tearful を fear だと思い込んで「畏怖に打たれて」と訳してしまった。

鴻巣 だから they が「人々」になるのですね。

円城 tearful だから鴻巣さんは they をお爺さんとお婆さんの二人だけにしたのですね。

鴻巣 じっさいに泣いているならば、特定の人二人くらいかなと思ったんです。「じいさまとばあさまの目には、なみだでかすんで見え」としました。

円城　僕は fear だと勘違いしたので、その他大勢を想定していました。あーあ、これは大きなミスです。訂正します。「人々が畏怖に打たれて」を「涙にくれる老爺たちが」として、その次の「夜が明け」ではなく「夜は明け」と直します。

鴻巣　不特定だった they が特定(老爺たち)になっただけで、「てにをは」が変わってくるのはおもしろいですね！　どういう機能だろう。

円城　「涙にくれる老爺たちが姫の行方を見守るうちに夜は明け」にします。

鴻巣　ただ、日本語原文にはこの場面はないですね。「この衣着つる人は、もの思ひなくなりにければ、車に乗りて、百人ばかり天人具して、昇りぬ」が原文です。あっさりしたものだなあ。

色の表現で構図も変わる

鴻巣　さて、そのあとに続く文章も冗長です。the dawn broke, and in the rosy light of day the moon-chariot and all in it were lost amongst the fleecy clouds that were now wafted across the sky on the wings of the morning wind. という文章です。なんかすごい気合い入っています。

円城　鴻巣さんはどうしていますか。

鴻巣　「そうするうちにもあさぼらけの光がさして、空がうすべに色の朝やけにそまるなか、やがて、月ぐに人たちを乗せた馬車は、あかつきのそよ風にただようわた雲のむこうに、すっかり見えなくなってしまいました」としました。一度、月ぐに人がわた雲の向こうに見えなくなったことを書いてから、わた雲の描写をしたかったのですが、格好がつかないので一文にしました。この部分は英訳者がリリカルな気持ちになっているのがわかります。

円城　もやもやと消えていく感じですよ。何時間見つめているんだという話です。朝が明けるのはけっこう時間がかかるじゃないですか。

ここは rosy light やら clouds やら morning wind やら、どうして同じ意味を重ねるのか、ややこしい。ただ、第二パラグラフでプリンセスが輝く場面と呼応していて、光の切りかわりに注目させている気がします。ここは dawn が broken になるので、最初のスクリーンが開いて光がもれるようすに重なります。

鴻巣　竹のなかから登場するときも、竹が割れてかぐや姫が出て来きますしね。この物語では「何かが割れる→光る場面が起きる」が重要なのかもしれません。

円城　割れるという動きじたいが基本的にパーンと早いものなので、物語もある程度はやい展開になってもいい。

鴻巣　スピードをもって訳してもいいと。

円城　ええ。でも、朝が明けるのを待つ場面は、常識的に考えて時間がかかりすぎです。

鴻巣　the moon-chariot and all in it は、日本語ではこう書かないかな、という言い回しですね。「月の馬車とそこに乗っているすべて」という意味ですが。たとえば、英語だと「彼と彼の笑顔とその物腰」という言いかたをしますが、日本語だと「彼の笑顔」あるいは「彼の笑顔と物腰」で済ませます。英語の場合は、「彼」と言って、彼に付随してくる笑顔、彼の物腰というすべてを提示してくる。「笑顔と物腰」で充分だと思うのですが。

円城 僕は「それにまつわる全てのもの」として逃げました。「夢だった」系の話として読みました。

鴻巣 あっ、馬車も月の人も羽衣も、いま起こった出来事すべてが夢ということですね。このallは人とは限らないんですね。

円城 面倒くさいから全部にしちゃえばいいかなと(笑)。

鴻巣 なるほど。「まつわる全てのもの」とすることで翻訳の創造性がグッと強まりますね。月の人だけでなく、記憶や回想や妄念もすべて含まれると、具象から抽象や夢へと近づいていくのですね。「溶け去っていった」と結んだところがその効果を高めています。

円城 今回、翻訳をしていて、とにかくこの第九・十パラグラフはオチに向けて何か準備をしなきゃ、というハラハラ感がありました。第九パラグラフのような冗長な文章は語彙勝負なんでしょうね。僕はrosy light of dayを「バラ色の空」として最初から投げてますが。

鴻巣 翻訳小説ならばバラ色で問題ないと思いますよ。「ピンク」とする人もいるでしょうかね。私は「あさぼらけの光がさして」としました。ここも子供向けの傍点です。

円城 僕はどの語彙レベルで訳せばいいのか定まりませんでした。どこの国をイメージするかも迷うところです。日本にするか、フランスにするのか、アメリカにするのか。それによってrose lightが変わると思います。

鴻巣　たしかに、色の表現は物語に大きな影響を与えますね。「はしばみ色」(hazel)と言ったとたんに海外児童文学になりますし、「藁色の髪の少女」よりも「亜麻色の髪の少女」と言ったほうが美人ですね。

円城　そうそう。へーゼル色と書かれていても「何色なんだ、それは！」と言いたくなる。いまでも何色なのかわからないんです(笑)。

鴻巣　反対に日本語でしか通用しないような色がありますね。「うぐいす色」とか「肌色」とか。『ハリー・ポッター』で「さーっと薄墨を流したようにあたりが暗くなり」といった表現が使われていました。でも、イギリスに墨はないしなあって(笑)。

円城　雰囲気が急に山水画っぽくなりますね。ハリー・ポッターが山のところにいて、滝が流れているみたいな。ホグワーツ魔法魔術学校も山や岩に埋もれている感じ(笑)。

鴻巣　色の表現で構図までも変わってしまうんですよね。

「け」がちょっと強いかな

円城　このテキストの最後、ようやく旅立ったかと思うと、すぐに消えてしまいますね。

鴻巣　長く引っぱったわりに、消えるのが早すぎます(笑)。

円城　それで Princess Moonlight's letter was carried to the Palace. を「月光の姫の手紙は無事、宮中まで届けられた」と、英文にはない「無事」を入れました。

鴻巣　戻るまでに、なにかすったもんだとか、苦難の道がもっとあってほしいですね。翻訳していて、ここを書いてほしかったということを訳で補うことはありませんか。

円城　ありますよ。

鴻巣　円城さんは、最終パラグラフの二文目 His Majesty was afraid to touch the Elixir of Life, so he sent it with the letter to the top of the most sacred mountain in the land. を「皇帝は不死の霊薬に触れることをはばかり、手紙と共に、国で最も神聖とされる山の頂きへと運ばせた」としています。afraid を「はばかり」としたのはかっこいいですね。

円城　最初は「畏れて」としたのですが、べつに不死の霊薬じたいは怖くないな、と思いました。得体の知れないものに対して、触りたくないという気持ちに重点を置いた表現です。皇帝にしてみれば見たことのないものが届くわけですから、不審に思うでしょう。

鴻巣　不審なアイテム登場です(笑)。

円城　皇帝はかぐや姫の去る場面を見ていないわけですから、特使に「車が飛んで行ったんですよ」と言われても、余計不審に思うだけです。しかも、不死の霊薬が呑み残しの液体だったら、絶対嫌だ。

鴻巣　青酸入りコーラ無差別殺人事件などというのが……。

円城　昔ありましたね。せめて、「用量用法をお守りください」という取扱説明書を同封してほしい。

鴻巣　内容のわからない手紙と謎の薬が届けられたらそれは不審に思いますね。しかも、プリンセスの書いた手紙の内容は、文中では明かされていません。もし手紙の内容が「さようなら」という趣旨であったら、無理心中でもさせられるのかと思います。

円城　皇帝としても腑に落ちないですよね。鴻巣さんはこの afraid を「おじけて」と開いていますね。

鴻巣　「おじけて」だと「け」がちょっと強いかな。「おじて」にしましょう。

それから、私は Princess を「プリンセス」と片仮名にしたのですが、Emperor は「帝（ミカド）」としました。そもそも帝という言葉じたいに、私が異邦のエキゾチズムを感じていたからだと思います。対して、富士山という言葉はまったくエキゾチズムを感じません。

円城　僕は Emperor は悩まず「皇帝」としました。

ここは山が受け手なのです

鴻巣　次の節にある so he sent it with the letter to the top of the most sacred mountain in the land. の sent という動詞もじつはデリケートです。sent は受けとる人がいることが前提で「〜に送る」という使いかたになりますが、この文章では it の受け手がわかりません。he sent it with the letter to someone on the top of mountain. ならすんなり入る。山の頂上に聖なる人のような存在がいるのでしょうか。

円城　……いないですか？

鴻巣　先も読んでみると、この文章には受け手がいないと判断されたので、it を目的語にせず、それを預かった使者らを「送り出した」という表現にしています。円城さんは「国で最も神聖とされる山の頂きへと運ばせた」で、やはり運んでいく主体を入れてますね。

円城　ここは山が受け取り手なのです。

鴻巣　そうなの!?　でも、I sent a package to Europe. ならヨーロッパという方面というか場所を表しているだけで、受け取り手はべつに誰かいますよね？（笑）

円城　古代ギリシアのデルフォイみたいな扱い。

鴻巣　神殿が受け取るのですね！　でも、the most sacred mountain の前に top が付いているので、デルフォイにしては位置としての意味が強調されすぎている気もします。

円城　山は広いので霊地は top なのです。だから、頂上が受け取り手なのです。

鴻巣　そ、そうですか。「山に捧げる」という意味で、sent ではなく dedicate などが使われていたら、そう解釈できるかな。あるいは、単に carry などであれば、「運んだ」で済む。

円城　top が shrine（神社）相当になるということかなと。デルフォイであれば筋が通っているし、オチがつけやすいです。sent は「送る」という意味よりも「任せる」「預ける」くらいの意味で取ったほうがいいかもしれません。

鴻巣　そうかなあ。最初は恐山などの霊山には霊的な政をする人がいて、その人に送るというイメージでした。ところが、続く文章を読むと、出迎える人もいないみたいだし、どうやら自分たちで品々を燃やしているようなので、錯誤が起きてしまいます。Mount Fuji, and there the Royal emissaries burnt it on the summit at sunrise. という一文です。私は「使いの者たちは日の出とともにくすりを焚(た)きました」とし、そこで前の文を「くすりに文をそえて使いの者(もの)に持たせ、この国でもっとも神々(こうごう)しい山であるフジ山のいただきに送りだしたのです」となったわけです。

円城　emissaries で複数人いるのですが、僕のイメージのなかでは少人数でほそぼそと燃やしているだけでした。

鴻巣　少人数でも複数人いるとすこし儀式的な感じがしますね。

円城　burnt のせいで一瞬、一人もイメージしたんですよ。儀式的な場面なはずなのに、burnt ではしょぼすぎる。

鴻巣　burn は日常語ですし、格式ばった感じはありませんね。物々しく the Royal emissaries とか言っているのに burn なのかという落差はあるというか。

　最終文は So to this day people say there is smoke to be seen rising from the top of Mount Fuji to the clouds. 円城さんは、「今日でもなお、その煙がフジの頂きと雲を繋いでいるのが見えるのだという」としていますね。

円城　最後の文章はかなり遊びました。英訳文には不死と富士のオチがないので、なんとかオチをつけないと落ち着かないなと思って、不死の薬を燃やした煙が富士山の頂きと雲を繋いでいる、ということにしました。不死の薬を燃やしたことによって、地上と天上がつながったというオチです。

鴻巣　私は rising to で「雲までとどく」という書きかたにしています。たしかに、ここはちょっと訳しにくかった。

円城　いまは富士山から煙なんて出ていませんが。

鴻巣　またいつ出るかわからないですから、予言的でいいですよ。

円城　英文だと、煙によって富士山と雲がときどき繋がるのではなくて、常時繋がっているということですよね。不思議な風景があって、それを説明している文章だと考えました。たしかに日常的にそんな富士山を見ていたら、そう書きたくなる気もしてきます。

翻訳は翻訳者が作っている

鴻巣　今日は円城さんの作家としての精神と読みかたを知ることができました。細かいところからはじけ出てくる物語は、微細な差異によって構図から存在のありかたまで変わってくるのですね。加えて、ステージが変わることに注目されていることも円城さんならではの観点です。

円城　背後にまったくちがう物語を作りたかったのですが、やはり元ネタには引っ張られますね。

鴻巣　円城さん訳は、最後に幻想的な夢現の世界に入っていくのはいいですよね。原文で『竹取物語』を読むのと、英文で読むのでは、ニュアンスという点で何かちがいがありましたか？

円城　まったくちがう物語が展開されるのだと思っていましたが、重なる部分が多かったです。ハーンの英訳版『耳なし芳一』はべつの国の話のようでしたし、お笑い要素がかなり強い。Hoichi-san! とか O-jochū! とか書いてあるんですよ。それに対して『The Bamboo-Cutter and the Moon-Child』はお笑いがまったくない。

鴻巣　全体的にすっきりしていますね。

円城　単語のもつインパクトは強いのですが、それに付随する形容詞がないので全体的に簡素な感じがします。突っ込みどころがなく、そうした意味では、優れた翻訳でもあるのかもしれません。

鴻巣　読者に任せるタイプの訳文とも言えますね。そういえば、私はタイトルを決めていなかったので、いま決めさせてください。うーん。「バンブー・カッターと月の娘」にしておきます。

円城　僕は最初は「竹刈り人と月の子供（ムーン・チャイルド）」なので逆ですね。竹取物語はどこの国の物語なのか、よくわかっていないようですね。バンブー・カッターというと、突然インドのような雰囲気になります。

鴻巣　わかります。あるいは、アラビアンナイトっぽくできないかな〜。

円城　coat をサリーなどと言い換えれば、きっとできますよ。僕の大きな発見は、翻訳者の方は文体をあまり悩まずに書けるということです。僕は最後まで原文に対してどのくらいの忠実さをもったほうがいいのかわかりませんでした。鴻巣さんはふだん、翻訳の仕事をするときに、編集者から文体を指定されることはありますか。

鴻巣　勝手にやってくださいという感じなので、とくにありませんね。と言っても、掲載される媒体に合わせて文体をすこし調整するということはあります。

円城　ほんとうですか。文体や語彙を出版社と相談して決めないというプロセスはけっこう驚きです。翻訳者の鴻巣さんは自分一人で文体を決められるのですね。

鴻巣　私は文体が決まるのは早いほうかもしれません。と言っても、つねに一語一語の選択は悩みますけれど。

円城　この前、『スペースダンディ』というSFアニメの脚本を書く機会があったんです。そもそも僕は脚本家じゃない。まったくの素人だったので、教えてもらえるのかなと思っていたら、教えてもらえない。でも、よく考えたら脚本家は最初から脚本家だから、教えるようなこともないのですよね。今回の企画は脚本を書いたときと同じような戸惑いを体験できました。翻訳の世界も最初から翻訳をしている人たちの仕事だなと。

鴻巣　たしかに書いたのは原著者でも、翻訳者が負っている部分は大きいかもしれません。上がってきた原稿を見て、編集者が予想していなくて驚くこともあるそうです。日本文学の外国語訳を今回のように「戻り訳」すると、翻訳者がどれくらい関与しているのか見えてきますね。

円城　これから『雨月物語』を現代語にする予定があるので、今回の企画はとても参考になりました。

THE SNOW WOMAN

鴻巣友季子

角田光代

角田光代（かくた・みつよ）
横浜生まれ。作家。1990年「幸福な遊戯」（海燕新人文学賞）でデビュー。著作に『まどろむ夜のUFO』（野間文芸新人賞）、『ぼくはきみのおにいさん』（坪田譲治文学賞）、『キッドナップ・ツアー』、『空中庭園』、『対岸の彼女』（直木賞）、『八日目の蝉』、『紙の月』ほか多数。翻訳絵本にインクヴァンパイアシリーズがある。

what you have seen this night, I shall know it; and then I will kill you.... Remember what I say!"

[1]With these words, she turned from him, and passed through the doorway. [2]Then he found himself able to move; and he sprang up, and looked out. [3]But the woman was nowhere to be seen; and the snow was driving furiously into the hut. [4]Minokichi closed the door, and secured it by fixing several billets of wood against it. [5]He wondered if the wind had blown it open; —he thought that he might have been only dreaming, and might have mistaken the gleam of the snow-light in the doorway for the figure of a white woman: but he could not be sure. [6]He called to Mosaku, and was frightened because the old man did not answer. [7]He put out his hand in the dark, and touched Mosaku's face, and found that it was ice! [8]Mosaku was stark and dead....

THE SNOW WOMAN

Lafcadio Hearn

[1]He was awakened by a showering of snow in his face. [2]The door of the hut had been forced open; and, by the snow-light (*yukiakari*), he saw a woman in the room, a woman all in white. [3]She was bending above Mosaku, and blowing her breath upon him; and her breath was like a bright white smoke. [4]Almost in the same moment she turned to Minokichi, and stooped over him. [5]He tried to cry out, but found that he could not utter any sound. [6]The white woman bent down over him, lower and lower, until her face almost touched him; and he saw that she was very beautiful, — though her eyes made him afraid. [7]For a little time she continued to look at him; — then she smiled, and she whispered: "I intended to treat you like the other man. [8]But I cannot help feeling some pity for you, — because you are so young.... You are a pretty boy, Minokichi; and I will not hurt you now. [9]But, if you ever tell anybody — even your own mother — about

『雪女』

　顔に吹きかかる吹雪で、美濃吉は目を覚ました。強風に扉が開け放されている。外からさしこむ雪明かりで、部屋に女——白装束に身を包んだ女がいるのが見えた。女は茂作の上に屈み、ふーっと息を吹きかけた。女の息は、白く輝く煙のようだった。かと思うと女は美濃吉を振り向き、彼に覆い被さった。彼は叫ぼうとしたが、声が出ない。白装束の女はゆっくりと、美濃吉を押しつぶすように、顔が触れるくらいまで屈み、そして美濃吉は、その瞳に震えながらも、女がとてもうつくしいことに気づいた。しばらくのあいだ女は美濃吉を見つめていた。やがて女はほほえんでこうささやいた。

　ほかの男とおんなじようにするつもりだったけれど、なんだか気の毒になってきた、だってあんたはまだ若いんだもの。それにとてもきれいな顔だ。美濃吉、私はおまえに手は出すまい。でももし、おまえが今夜見たことをだれかに言おうものなら、それがたとえ母親だって、おまえを殺すよ。だれかに話したか、私にはすぐわかるんだから。……今聞いたことを覚えておくがいい。

　こう言うと、彼女はくるりと振り向いて、扉から出ていった。ようやく動けるようになったことに気づくと、美濃吉ははじけたように起き上がり、おもてを見た。けれど女の姿はどこにもない、雪はごうごうと小屋に吹き込んでいる。美濃吉は戸をしっかりと閉め、開かないように薪で固定した。風で戸が開いてしまったのだろうかと美濃吉は考えた。今、自分は夢を見ていただけじゃないかとも思う。扉からさしこむ雪明かりを、白装束の女と見間違えただけじゃないだろうか。けれどそうだとも言い切れない。美濃吉は茂作を呼んだが、返事がないので気味が悪くなった。彼は暗闇に腕をのばした。茂作の顔に触れると、氷のように冷たかった。彼はすでにこときれていた。

（角田光代・訳）

『雪女』

シーン④　渡船場の小屋（深夜）

いきなり顔に雪が吹きつけてきて目を覚ますモサク。

小屋の入口の扉がこじ開けられている。

雪明かりに浮かぶ女の姿（全身、白づくめ）。

女、モサクに屈みこんで息を吹きかけている。

真っ白い煙のような息（口元アップ）。

間を置かず、女、こんどはミノキチの方を向き、その上に屈みこむ。

ミノキチ「（苦しげに口を動かして）うぐ……」

なにか叫ぼうとするが、まったく声にならない。

（女の顔にカメラパン）女、深く屈んできて互いの顔がふれあいそうになる。

ミノキチM「（心の声）のんて、きれいのオナゴだべ。けんど、目がおっかね」

寸時、ミノキチを見つめ続ける女。ふっと微笑み、彼に囁きかける。

雪女「なも、あのオドコのしうサさど思うたが、のんて、かわいそんだべ。まんだ、こらほどわけぇ……してまたいい男ぶりじゃ……ミノキチ、なは今のどご、やしめね。けんど、もしこんにゃ見たごどば、だかれサ話したきや、なのおがでもな、わはすぐサわかる。そのどきは命はね……よぐおべておげ！」

女、そう言い置くと、背を向けて小屋を出ていく。

とたんにミノキチ、動けるようになって飛び起き、外をのぞき見るが、女の姿はどこにも見えない。

雪吹雪が猛烈な勢いで吹きこんでくる。

ミノキチ、扉を閉めると、何本も突っ支い棒をして開かないようにする。

ミノキチM「(心の声)やませで戸が開いたべか？　寝ぼけただけでねが？　んだはんで、戸口の雪明かりサしらいオナゴどとつげだ。そったごと、よぐわがらねが」

ミノキチ、モサクに声をかけるが、返事がない。不安になり、暗闇で手をのばしてモサクの顔に触れてみる。

ミノキチ「(おののいて) しがのうサ、しゃっこいでねが！」

死んで硬くなったモサクの顔のアップから全身へカメラが引く。

(鴻巣友季子・訳)

映画のシナリオ風文体

〈方言の参考〉
のんて＝なんて
な＝あなた
わ＝わたし
しうサ＝のように
こらほど＝こんなに
やしめる＝いじめる
こんにゃ＝今夜
おが＝お母さん
おべて＝覚えて
やませ＝風
んだはんで＝そうだから
とつげた＝まちがえた
しが＝氷
しゃっこい＝冷たい

『雪女』

　顔に雪が吹きつけて美濃吉は目をさました。小屋の扉がこじ開けられており、雪明りに照らされて、部屋にひとりの女がいるのが見えた。全身、白づくめであった。女は老いた茂作の上に屈みこみ、息を吹きかけている。その息はきらきらと光る白い煙のようだ。と、女はいきなり美濃吉のほうに振り返ると、屈みこんできた。美濃吉は悲鳴をあげようとしたが、どうにも声が出ない。白づくめの女はだんだんと屈みこんできて、とうとう顔と顔が触れそうになった。そうして見ると、女はたいそう美しい——とはいえ、なにやら眼(まなこ)が恐ろしい。寸時、女はそのまま美濃吉を見つめていた——かと思いきや、笑みこぼれて囁いた。「あっちの男と同じようにしてやろうと思ったが、おまえには憐れを催してならぬ。まだあどけない年ごろ……そのうえに美丈夫だ。美濃吉、おまえは助けてやろう。だが、だれかに——おまえのお袋さんにでも——今夜見たことを話したら、わしには必ずわかるぞ。知ったからには殺す……いま言ったことを忘れるな！」

　それだけ言うと、女はついと顔をそむけて、小屋を出ていった。すると、美濃吉は動けるようになり、とたん、弾かれたように飛び起きて、戸口の外を見やった。しかし豪雪が吹きこんでくるばかりで、女の姿はどこにも見えない。美濃吉はあわてて引き戸を閉め、何本も、つっかい棒をした。雪あらしで戸が開いただけか？——吹きこむ雪に夢を見て、戸口に光る雪明りを白衣の女と見紛うたのか。そう思いはしたが、定かではない。茂作の名を呼んでも、老人から返答がないので、にわかに怖くなった。暗闇で手をのばし、茂作の顔にふれると、それはまさに氷のごとしであった。凍りついて死んでいたのだ……。

（鴻巣友季子・訳）

ノーマル翻訳バージョン

鴻巣　角田さんはこれまでも何冊か翻訳されてますね。

角田　絵本の翻訳が多いです。

鴻巣　翻案もありますね。近松門左衛門の戯曲を小説化した『曽根崎心中』は、角田ワールドでありながら、原文のエッセンスに忠実な仕上がりでした。『森に眠る魚』はお受験殺人事件を、『紙の月』は銀行員の使い込み事件をベースにしています。何か元になる事実や古典から創作ができる、ある意味で翻訳者傾向がある作家さんだなと思っていました。

角田　いや、いや。翻訳はほんとにむずかしいですよ。私は風俗などですこしでもわからない部分があると、すぐいやになってしまうところがあるんです。子供のころ、ある翻訳の絵本を読んでいたときに「黒すぐり」の意味がわからなくて、ひどく拒まれているように感じました。ある程度成長してから、絵本に限らず翻訳ものをほとんど読まなくなった。三十代になって、ようやくまた読むようになったのですが、読書体験が少ない分、翻訳に対してはハードルが高いところがあります。

鴻巣　二十代はいかがでしたか？　一九八〇年代で翻訳書のマーケットが拡大した時期です。

角田　二十代のときに、一時期海外小説のブームがあったように思います。たくさんの海外小説が安価で紹介されていたので、よし、もう一度読み直そうと手にしたのですが、あまりに粗悪な訳で小説としての言葉が成り立っていないことに唖然としました。それでますます遠ざかってしまった。

鴻巣　八〇年代に私も含め、多くの職業翻訳家がデビューしました。なんだか責任を感じます。スミマセン！

英文にあるパーツは全部意識する

鴻巣　それでは翻訳問答にとりかかりましょう。『雪女』はけっこうそっけない英語で、訳しづらくありませんでしたか。私は翻訳家がこのまま訳してもつまらないなと思って、ホラー映画の台本のようにしました。

角田　はじまりが「いきなり顔に雪が吹きつけてきて目を覚ますモサク」ですか。しかもト書き。なるほど、すごーい。

鴻巣　英文がすべてト書きのように短かったので、自然とこうなったんです。ほんとうにこんな訳しかたをして本にしたら読者に怒られます。「翻訳問答」は遊びなので、いいかなと思いまして。既訳ではみなさん、どう訳しているのでしょう……。ええと、原文はシンプルなのに、訳文はどれも創作的で驚きますね。

角田　冒頭は He was awakened by a showering of snow in his face です。田部隆次さんの訳は一九三七年のものですが、「彼は顔に夕立のように雪がかかるので眼がさめた」となっています。

鴻巣　showering を通り雨（シャワー）のようなものとしてイメージし「夕立のように」と訳したのですかね。私は雪が吹き込むようすだと思っていました。

角田　私もそう思って、「顔に吹きかかる吹雪で、美濃吉は目を覚ました」と訳しました。鴻巣さんの訳はト書きですが、ふだんと同じように、英訳文の内容が全部きちんと収まっている。

鴻巣　訳す際、英文にあるパーツはすべて網羅するよう心掛けました。He tried to cry out, but found that he could not utter any sound. と声が出ないようすは「（苦しげに口を動かして）うぐぐ…」にしました。He thought は心のモノローグという形で表現しました。Mと指示書きしてあります。

角田　「（心の声）のんて、きれいのオナゴだべ。けんど、目がおっかね」ですね。

鴻巣　角田さんはこの英文を読んでいる途中で、降りてくる文体やイメージがありました？

角田　最初は「です・ます」調で書こうとしました。『雪女』の物語は子どものお話のイメージがあったので。

鴻巣　日本昔話のイメージは大きいかもしれませんね。

角田　でも、うまく立ち上がってこないので、簡潔に書いたほうがいいのかなと思い、です・ます調はやめました。

「かと思うと」の絶妙

鴻巣　第一パラグラフ二文目にある a woman all in white を角田さんは「白装束」と訳していいます。私も「白い服を着た女」や「白衣の女」ではなくて、「白装束」と訳したくなったのですが、結局（全身、白づくめ）にしようかとしたのですが、それではイメージが強すぎると思いまして。

角田　はい。最初は「死装束」にしましたた。角田さんも死人のイメージがあったのですか？

鴻巣　「白装束」という表現は、もしかしたら自分が子どものときに読んだ文章のイメージが頭のなかに入っているのかもしれないです。

鴻巣　子どもの頃の記憶が出てきたということですね。私も『赤毛のアン』を訳すことになったら、昔読んだ訳から自由になれないでしょうね。新訳した『風と共に去りぬ』も中学のときに読んだので、縛られているところがあるかもしれない。記憶では、マミーという太った乳母が「お嬢さま、それはできましねえだ」とか、いつのどこの方言だよと大人になってからは思うのですが、自分でもそういうふうにしゃべらせたくなってしまう。私は「未来の読みが原作に影響する」と言っているのですが、結局、小泉八雲が書いたあとに訳された翻訳なり、リライトものなりを角田さんが子どもの頃に読んで、影響を受けて、受けとったイメージをいまここに新しい『雪女』として還元している。それっておもしろい循環だなと思うんです。

角田　鴻巣さんはどうして方言で訳されたんですか？

鴻巣　脚本であれば、台詞調にしたいと思いまして。『雪女』の伝承が残っているのが東北地方らしいので津軽弁にしてみました。脚本の書きかたを調べたりしましたよ。モノローグの部分はMで、ナレーションはNにするそうです。

角田　こだわったんですね（笑）。

鴻巣　台本にしてみると視点の移動がよくわかります。雪女がかがみ込んでいるようすを語り手の視点からとらえている場面から、今度はミノキチの視点に変わっていくようすなどです。カメラの切替えで表現しました。角田さんは四文目の Almost in the same moment を「かと思うと」と訳されています。私は「間を置かず」です。この訳語は自然に思い浮かぶ表現でしたか？

角田　訳さなくてもいいですかね。

鴻巣　うーむ、あったほうがいいなあ。ここは「それと同時に」だと臨場感が出ないじゃないですか。

角田　直訳だと「次の瞬間」とか「と同時に」という言いかたになるのでしょうが、私ならこうは書かないなと思いまして。なんとか他の表現がないかと考えていたら「かと思うと」が思いついて、そしたら剥がれなくなりました（笑）。

鴻巣　「剥がれなくなる」って実感のある言葉ですね。「ほぼ同時に女はミノキチを振り向き」と言っても、何と同時なのかがわからない。「かと思うと」と言うと、テンポが早くなる。スリルが生まれる。私としては猛烈に共感しますね。私はすこし先にある then she smiled, の then が訳しにくいなと思っていて、「そして」でも「そうして」でもなくて、「かと思うと」「と思えば」が自然。だから、角田さんの訳文を見て嬉しくなりました。日本語のなかで「かと思うと」は接続詞に近い語句ではないでしょうか。とても自然な表現です。

鴻巣　「です・ます」体だと起動しない物語性がここにはあるように思います。

書き手が「どうじゃ！」と自慢している

鴻巣　角田訳では、stooped over him は「覆い被さった」ですね。私は「屈みこんで」しか思いつきませんでした。ホラー作品だと考えれば、「覆い被さった」のほうが怖いですね。六文目 The white woman bent down over him, lower and lower, until her face almost touched him; and he saw that she was very beautiful, この部分、角田さんの「白装束の女はゆっくりと、美濃吉を押しつぶすように、顔が触れるくらいまで屈み、そして美濃吉は、その瞳に震えながらも、女がとてもうつくしいことに気づいた。」という訳文は綺麗ですね。

角田　いや。自分で書いておいてなんですが、感じ悪い文章です。

鴻巣　えっ、どういうことですか？

角田　ここは句読点でブツブツ文章を切りたくなくて、ひと続きの文章にしました。でも改めて読んでみると、書き手が「どうじゃ！」と自慢している気がして嫌な感じがしますね。こうして読者として読むと、これを書いた人に「いい仕事したと思い上がってるんじゃないの。文章を入れ替えてうまくやったと思ってるでしょ！」と言いたくなります(笑)。

鴻巣　ドヤ顔が思い浮かぶと(笑)。

角田　ただ、「女は美しいと気づいた。でも、その目が怖かった」とはしたくありませんでした。

鴻巣　原文は「女が美しい」の後に、「恐ろしい印象」という最後の但し書きを付けていますが、角田さんは美しさを後にしてそっちに焦点をもっていってますね。

角田　なるほど、そっかあ。

鴻巣　文章は順序を入れ替えるだけで、全体の印象がずいぶんちがってくるということですね。ちなみに、他の方はどんな訳しかたをしているのかしら……。平川祐弘訳は「女がたいそう美しいと思った——眼はぞっとするほど恐ろしかったが」。これはひじょうに淡々とした訳文ですね。平井呈一訳は「見れば、女の目が、ぞっとするほど怖ろしい。しかし、その顔は、ひじょうに美しいのである」。これは角田さんと同じ順番です。

角田　鴻巣さんは「のんて、きれいのオナゴだべ。けんど、目がおっかね」。原文と同じ順番ですね。みなさん、ずいぶんちがう訳しかたをしますね。訳しているときは深く考えませんでしたが、改めて考えてみると私はやっぱり顔が綺麗なことを書きたかったんだと思います。私にとっては、瞳が恐ろしかったことを強調した訳文があることじたいが新鮮でした。他の翻訳を読んで、人によって世界の見方がこんなにもちがうんだなあと驚きます。

鴻巣 日本語の場合、文章の後ろのほうに重点が置かれやすいのですが、この英訳文は微妙ですね。カンマもダーシもあるから、前文に情報を付け足して並列の関係にあるような気もします。『雪女』のこの後の物語の展開を考えると、女の美しさに力点を置くことは自然な気もします。この後、美濃吉は雪女と知らずに彼女と恋に落ちて、その出会いの秘密を語ってはいけないのに、本人に言ってしまいますから。

角田 ええ！ そんなお話でしたか！

鴻巣 はい。だから美濃吉が当初から雪女に惹かれていたことを強調するのは自然なのかなと。

角田 反対に「綺麗だと思いながらも怖い目をしていた」としても、その後の展開の伏線になりそうですね。

鴻巣 その場合、綺麗だから結婚してみたけれども、結局恐ろしい女だった、という展開ですね。すると、though の訳しかたひとつが物語全体の解釈にかかわっていくことになります。

（鴻巣注・主節の後 though に導かれる従属節は主節と反対の意を含むが、重要性としてはより小さい場合と、後から補足して主節の叙述のほうを弱める場合とがある。）

楽譜を読むように訳す

角田 うーん。どちらにするか考えてしまいますね。判断に迷うとき、翻訳家の方は自分の直感に頼るんですか？　それとも正解があるはずだと文法規則から考えるんですか？

鴻巣　もちろん好みや直感が影響する部分もありますが、私は楽譜を読むように文章構造から考えることが多いですね。

角田　楽譜というのは新鮮です。

鴻巣　楽譜にクレッシェンドやディミニエンドのような強弱記号や曲想を表す音楽標語があるように、文章にも強さや速さや文調を示す〝サイン〟がどこかにあります。それから、人物造形に引っ張られる部分もあります。物語全体を訳していると、登場人物の性格や特徴が自分のなかででき上がってくるので、その人物の特徴に合わせて訳します。よく作家の方が「登場人物が勝手に走り出す」とおっしゃるじゃないですか。似たようなことが翻訳でも起きるのです。スカーレットが爆走していることがある（笑）。

角田　翻訳家の頭のなかってそうなっているんですね。

鴻巣　楽譜として文章を見ると、『雪女』の原文はコロンとセミコロンとダーシがいっぱいあって、これは何だよ、日本語には対応物がないよという気持ちになるんです（笑）。角田さんは自分の小説が海外で翻訳されることで何か発見はありましたか？

角田　そうですね。アジア人が翻訳慣れしていることを再認識しました。読書においては、アジア人は見たこともない文化を受け入れて・理解するのがたやすいように思います。いっぽうで、欧米圏の人は翻訳を読むことに慣れていないと思います。

鴻巣　わかります。とくに英語圏の人はわざわざ他言語で書かれたものを読む機会が少ないからでしょうか。私たちからすると未知だからこそ読んで知ろうとしますが、英米圏の人は未知のものはわからないから読まないという。

角田　英語やイタリア語、スペイン語などで私の小説が翻訳されたときに、宣伝のために現地へ行きました。そこで、読者との交流会があったのですが、論点がずれていて驚いたことがあります。すべてのインタビュアーに『八日目の蝉』舞台のひとつの「エンジェルホーム」という宗教施設はじっさいにあるのか、と訊かれたり。

鴻巣　そこかあ……、という感じですね。

角田　自分の小説が欧米で翻訳されるようになってから、日本人はどんな国の翻訳であれ文章の本質をつかめるのではないかって思うようになりました。

鴻巣　日本人は翻訳を読むことに対して努力していたと思います。とくに昔は教養主義の一環として、日本の名作を読むことと同時に世界の名作を読むのが一般的だった。最近は日本でも欧米と同じように、なぜ読みにくいものを読まないといけないのか、という姿勢が定着してきた気がしますね。

角田　たしかに、海外へ旅行をする人が少なくなったり、外の世界への興味が前よりは少なくなった気がします。

鴻巣　日本にもいい音楽や映画があるから、〝洋楽〟や〝洋画〟を見る人も少なくなったのかもしれません。ある意味、文化的に対等になったからこそ、仰ぎ見るようにして海外の作品を輸入する必要がなくなったとも見られます。

翻訳好きな読者からは「透明な翻訳」と言って、原文がわかるような翻訳が求められるんです。ただ、そこにこだわりすぎると、海外文学を読む人がなかなか増えない。すこし前は多くの人がSFを読んでいたと思うのですが、SFのエッセンスじたいは他のジャンルに拡散し、最近はコアなSFファンだけが残っていると思います。海外文学も同じように純化していって、コアなごく少数の海外文学ファンだけが残ってしまうんじゃないかと……。

角田　三十年前と比べたら日本の小説はわかりやすくなったのに、翻訳の世界は逆に難化しているのですね。

鴻巣　そうですねえ。このまま行ったら、書店に海外文学の棚がなくなってしまうかもしれません。ただ、角田さんのような日本の作家が翻訳に携わってくれたら、翻訳の世界もすこしずつ変わっていくと思っています。

誤訳が真理を含む場合がある

鴻巣　さて、then she smiled, and she whispered からの文章もなかなかむずかしいですね。角田さんは then を「やがて」と訳していますが、自然に出てきた訳語ですか？

角田　then は反射的に「そして」にしてしまいそうですが、この文章の前で「そして」を使っていたので「やがて」に変えてみました。

鴻巣　「やがて」のほうが時間の流れが感じられますね。私は「ふっと微笑み、彼は囁きかける」

の「ふっと」がthenになったのかな？　自分でもよくわからない（笑）。

角田　絶妙です。

鴻巣　thenのすこし時間が経過するようすを「ふっと」に込めたんですかね。

角田　あ!?　いま他のかたの訳文を読んで、自分のまちがいに気づきました。じつは、私は思い込みが激しくて、英語学習の際にも思い込みが勉強の邪魔をしているんです（笑）。この物語も勝手に雪女が多くの男を殺している前提で読んでいました。だから、I intended to treat you like the other manのthe other manを「ほかの男たちと同じように」という意味だと思ってしまって……。

鴻巣　othersみたいに読んだのですね。イマジナブルな読みが混じるのが翻訳のおもしろみでもあります。

角田　鴻巣さんは「あのオドコのしうサさど思うたが」とちゃんと訳している。

鴻巣　いや、自分の思い込みで読んでしまうことはよくあります。雪女がたくさん男を殺してきたという思い込みがあると、theもmanと単人称であることもするっと無視されますね（笑）。

角田　私はそういう思い込みが異常に多くて。

鴻巣　でも、思い込みや誤訳が真理を含む場合もあります。雪女があまたの男を殺しているというのは事実かもしれませんし、そういう原文外の共有認識みたいなものが訳文のなかに響いてしまうことってあるんですよねえ。

角田　そうなのかなぁ。

鴻巣　角田さん自身、『雪女』の物語を読んだことがあるわけで、そのイメージを訳している部分ってあると思います。

young はめんどうな単語

鴻巣　角田さんが You are a pretty boy, Minokichi の pretty boy を「とてもきれいな男の子だ」ではなく、「とてもきれいな顔だ」にしたのは、女が美濃吉をかがみ込んで覗いているからですか？

角田　そうだったと思います。

鴻巣　女は美濃吉に覆い被さっているわけですから、pretty boy を「きれいな顔」とするのはシーンの整合性が取れますね。私の訳のように「してまた、いい男ぶりじゃ」というには、もうちょっとカメラを引いて全体を見ないと「いい男ぶりじゃ」と言えない気もします。

角田　you are so young とありますね。顔をみて男ぶりを判断する。これはありですよ。美濃吉は何歳なんでしたっけ？

鴻巣　十八歳みたいです。

角田　それなら「男ぶり」のほうがいい。もっと子どもかと思っていました。

鴻巣　young も訳すのがめんどうな単語です。ここでは「若い」という意味なのか、「あどけない」

という意味なのかによって印象がちがってきますよね。ところで、何で雪女は美濃吉の名前をはじめから知っていたんでしょう？

角田　幽霊だからでしょうか？

鴻巣　異界の存在だから何でも知ってると……それはあるかもしれませんね。日本の小説だと、わざわざ名前で呼びかけないと思うのです。ふだんも「今日はどうするんだい、ミツヨ」みたいな話しかたを私たちはしない。この呼びかけはすごく英語っぽい印象を受けますね。

角田　たしかに！

鴻巣　続く and I will not hurt you now という文章を角田さんは「手は出すまい」と訳されていますが、hurt という動詞は訳しにくくありませんか。

角田　not hurt を「傷つけない」と訳すのはすこしちがう気がしました。

鴻巣　「殺さない」とまでは言っていないですから、私は「やしめね」にしました。「やしめる」はいじめると似たような意味です。うーん。いったい、雪女はいくつくらいの人なんでしょう。雪女の年齢で美濃吉への呼びかたも変わってくるようで、「お前」なのか、「貴方」なのか……。二人称の呼びかたがむずかしく感じました。

角田　雪女が美濃吉を組み敷いている姿勢から「お前」にしました。雪女のほうが優位なのだろうと思って、あまり悩まなかった。

人称を決めるのはある世界を選ぶこと

鴻巣　日本語の二人称は、言ったとたんに上下関係がはっきりしますね。角田さんが小説をお書きになるときは、人称の呼びかたをいつ決めるんですか？

角田　最初に決めておきますね。語り手を固定したときから、人称は自然に決まっていきます。

鴻巣　頭のなかに物語世界が下りてくる感じですかね。途中で「僕」を「俺」に変えるなんてことはないのですか？

角田　そうですね。あ、ヘミングウェイの『武器よさらば』を金原瑞人さんが翻訳されたのですが、そこで一人称が変わっていました。「おれ」になっていたのかなあ……最初は違和感があったのを覚えています。若返った！　みたいな(笑)。

鴻巣　「僕」が「私」になるより、「私」が「僕」になったときのほうが衝撃が大きいですよね。チャンドラーのハードボイルドを、村上春樹が翻訳するとなったとき、私がいちばん心配だったのは人称が「僕」になることでした。探偵なのに「僕」だったらどうしよう、と焦りました(笑)。でも、結局「私」だった。

角田　それこそ私は、『失われた時を求めて』を「僕」にしてしまったんです。本来は「私」ですが、一人称を「僕」にしたとたん、主人公が嫉妬する様やじたばたもがく様がすごく身近に感じられるようになりました。いま、鴻巣さんのお話を聞いて、「お願いだから『僕』とは言わないで！」と思っている人が大勢いるかもしれないと、すこし怖くなりましました。

鴻巣　「僕」となったとたんに親近感が増すことはありますね。喋りかたも変わるし、もしかしたら彼の言動の解釈までも変わるんじゃないですか？

角田　自信過剰で、傷つきやすい繊細な部分が強調されると思います。

鴻巣　「私」より「僕」や「俺」のほうが言葉の繊細さを表わせる気がしますね。語尾のヴァリエーションも増えていく。『嵐ヶ丘』に出てくるヒースクリフは威張った男で、ふだんは「俺」「私」と言わせるんですが、お手伝いさんのネリーの前では「僕」と言わせているんです。身分のちがいというより、このおばさんに対しては弱いというかちょっと依存しているところがあるので……。

角田　日本語ってなんてたいへんな言葉なんだろうと思いますね。私とか、あたいとか、うちとか、どの人称を選ぶかで作品がまったくちがってきます。

鴻巣　おそらく日本語は敬語を駆使することで、主語や目的語を省くことができたのだと思います。むしろ言わないようにしている。よく「お伺いいたします」と言うじゃないですか。「あなたのところにお伺いいたします」とは言わない。「お」や「いたします」という表現によって、相手を立てていることがわかるから、わざわざ目的語を言う必要性がない。そのため、主語をあらためて訳そうとすると、とても慎重になりますね。

『風と共に去りぬ』を訳すとき、とくに召使いが主人と話している場面がむずかしいですね。you がたくさん出てくるのですが、「貴方」とは言えないし、いちいち「スカーレット様」と言うにはうっとうしい。『雪女』では、やっぱり「お前」が権威的でしっくりくるかなと思います。「あなた」だとロマンチックになってしまう。I will kill you を角田さんは「おまえを殺すよ」ですね。

角田　「あなた」にすると語尾を丁寧語にしたくなります。「あなたを殺しますよ」とか(笑)。

鴻巣　「あなたを殺すよ」、だと言葉の勢いと人称が合わない気がしますね。「君」なんかは最悪です(笑)。やっぱり人称に付随してくるものがあります。

角田　人称を決めることは、ある世界を選ぶということですね。

「おそろしく」は厳重注意

鴻巣　第二パラグラフの三文目にある the snow was driving furiously into the hut を角田さんは「雪はごうごうと小屋に吹き込んでいる」と訳しています。furiously を「ごうごうと」としていますね。furiously もなかなか訳しにくい語だと思います。

角田　「猛吹雪」にしようかと思ったのですが、やはり子ども向けの物語の印象があったので、擬音語にしました。

鴻巣　私は「雪風吹が猛烈な勢いで吹きこんでくる」。furiously を「ごうごうと」にするのはうまいですね。角田さんは小説を書くときに擬態語や擬音語を使いますか?

角田　あまり使わないようにしています。昔は使っていたんですが、若い作家のなかで一時期、一般的な擬音語・擬態語ではないものをあえて書くようになった時期があって、逆に意識して使わないようになりました。

鴻巣　いい仕事したと思ってるんでしょ、ですか(笑)。

角田　たぶんですが、江國香織さんや川上弘美さんが特徴的な擬音語・擬態語の元祖だったと思います。とくに江國さんは特殊な擬音語をお使いになりますし、それが個性的です。でも、江國さんの書きかたがいいと思った人たちが、村上春樹さんの「やれやれ」のように一斉に真似しだして、擬音語・擬態語が万延した。そのときから、擬音語・擬態語を使うのはよほど気をつけないと、と自分のなかでうっすら思うようになったのです。

鴻巣　そういう傾向にはまったく気がつきませんでした。

角田　「おそろしく」という形容詞も一時期流行りましたね。おそろしく痩せた女、とか。これも江國さん発だと思います。だから「おそろしく」も厳重注意です。

鴻巣　へええ！　それも気がつかなかったなあ。やっぱり作家じゃないと気がつかないのかしら。

角田　私が新人賞の審査をやっているのも原因かもしれないです。新人さんは現代小説の流行を読み取っているからこそ流行を反映しやすいのかもしれません。

鴻巣　なるほど。私は「たいへんに」という表現が近ごろ目につきます。たいへんにつまらない、のような使いかたです。ふつう「たいへんに」というと積極的な意味で使われると考えていたので、違和感がありましたね。それからは「たいそう」を使うようにしています。でも、それがドヤ顔にみえたら嫌だなあ。

角田　ちゃんと避けられたと思ってんだろう、と(笑)。そういえば、英文には擬音語・擬態語があまり使われないと聞いたことがあるのですが。

鴻巣　英語には擬音語・擬態語のような概念は存在しませんが、音で内容やようすを表す語はたくさんあります。アヒルの鳴き声(quack)や鈴の鳴る音(tinkle)などですね。それから、日本語に翻訳すると逆に擬音語・擬態語が増えてしまう現象が起きます。smile だと「にこにこ笑う」で、grin だと「にやにやと笑う」、sneer は「にやりと笑う」と訳し分けたりする。なんとか訳し分けようとすると、逃げの翻訳技術として原文にないはずの擬音語・擬態語が増えてしまうんです。角田さんの擬音語・擬態語はどんなものがありましたか？

角田　子どもが泣くときに「ギャーギャー泣く」でなく「ギャンギャン泣く」としたり、わりと私も自分なりに聞こえる音で書いていたことがありました。昔のほうがよく使っていましたね。

鴻巣　翻訳していると、原文の表現はちがうのに同じような訳語ばかりになってしまう。この訳語がいいけど前に使っちゃったからなあ、みたいな感じで無理に変えると文意がちがってしまったり……。原文があると、接続詞ひとつにしても決めるのに時間がかかります。

「薪」の訳には驚きました

鴻巣　第二パラグラフ四文目 Minokichi closed the door, and secured it by fixing several billets of wood against it. この文章は several billets of wood が何を指しているのかわかりにくいですね。

角田　鴻巣さんは「ミノキチ、扉を閉めると、何本も突っ支い棒をして開かないようにする」。鴻巣さんの訳を読んで、wood はつっかい棒だったのかあと思いました。

鴻巣　私も見たわけではないので、ちがうかもしれませんよ。ただ、引き戸だからつっかいをしたんじゃないかなと。他の人の訳文も見てみましょう。平川祐弘訳は、「巳之吉は戸口を締め、数本の棒切れを打ちつけて戸が開かぬようしっかり固定した」、棒切れを打ちつけたとあるけど、釘とか金づちとかどっから出てきたんだろう(笑)。たまたま雪女が迷い込んだ船着き場の小屋にそんな工具があるかなあ。平井呈一訳(岩波文庫)は「巳之吉は、入口の戸を締めると、ありあう棒切れを何本も戸に寄せかけて、しっかりと明かないようにした」としています。同じ平井訳で偕成社文庫では「巳之吉は、入口の戸をしめ、その小屋にあった棒きれをなん本も戸によせかけて、しっかりとあかないようにしました」です。都合の良い棒切れが急に出てくるのは変なので、みんな「その小屋にあった」とか「ありあわせの」とか何かしら説明を挿入しています。

角田　私は「美濃吉は戸をしっかりと閉め、開かないように薪で固定した」。薪としたのは、小屋には薪があるだろうと思ったからです。

鴻巣　そういうことだったんですね！　薪がすこし疑問だったのですが、いま理解しました。

角田　「小屋にあった」をなんとか書かないようにした結果が薪でした。

鴻巣　「小屋にあった」という、原文にない文章を付け加えるのはよくないと考えたと。私が訳したときは、日本の家屋に必ずあるならつっかい棒なんじゃないかと想像するしかありませんでした。several billets of wood としか書いていない。でも、「防犯のための」とも形容されていないわけで、薪だったら自然ですね。

角田　もし「防犯のための」と付け加えていたら、そこでまた私は防犯用の何か言葉はないかと探し迷ったと思います。

鴻巣　日本語で「つっかい棒をした」といえば防犯の意味が含まれている。でも英訳するとclose や secured や fixing の言葉を使ってくどく説明しなくてはならない。

今回の企画のむずかしいところは、いちど日本語を英語に翻訳したものをさらに日本語で訳し直しているところです。もともと日本語にあったものが、一度外れてしまって、また拾い直さなくてはいけないのだけれど、どこまで拾ったらいいのかが迷うところ。こたつや囲炉裏のような日本の文化が英語で書かれていると、けったいなものになりがちです。

それにしても、薪の訳は驚きました。角田さんの翻訳創造性の一端を垣間見た思いです。他の翻訳家が「その小屋にあった棒きれ」とか「ありあう棒きれ」とつじつま合わせをしているのを「薪」と一語で解決しちゃった。技を見せてもらいました。

一気に怖くなると後がない

鴻巣　次は、He wondered if the wind had blow it open ですね。角田さんは「風で戸が開いてしまったのだろうかと美濃吉は考えた」。続く he thought that he might have been only dreaming を「今、自分は夢を見ていただけじゃないかとも思う」。thought 以下を「…じゃないか」となかば心の声として訳している。「考える」とか「思う」とか抜きたくなりませんか？

角田　そうですね。どうしても多くなってしまいがちです。

鴻巣　現代の英文の書きかただと、美濃吉の心の声をダイレクトにそのまま地の文に書くと思います。いまっぽく書くとすれば he thought that の部分をなくして、He might have been only dreaming? とか……。

角田　さらりと英文が出てくるのは流石です。

鴻巣　次の frightened も考えてしまいます。「恐怖心がわいた」とか、「怖い」とかの言いかたがあると思います。私は「不安になり」、角田さんは「気味が悪くなった」にしたのですね。ここにも角田さんの世界観が表れているように思います。

角田　最初は「怖くなった」にしましたが、そうするとあとで死んだときの恐怖が薄まってしまう気がしたので、より漠然とした表現にしました。

鴻巣　ここで一気に怖くなってしまうと後がない、ということですよね。もうすこし繊細な書き手であったら、ここで frightened まで書かないでしょう。「嫌な予感がした」とか「背中に冷たいものが走った」とかわざと漠然とさせた綾のある言葉を選んだと思うんです。

角田　「嫌な予感がした」っていいですね。たとえば、frightened を取ってしまって「茂作を呼んだが返事がない」にして続けるのはやりすぎですか？

鴻巣　「茂吉を呼んだが返事がない。彼は暗闇に腕をのばした。茂吉の顔に触れると、氷のように冷たかった。」ということですね。私はいいと思います。文章が加速していくところなのに、frightened があるとブレーキが入るようですから、角田流に frightened を取ったほうがいいと思います。

角田　よかった〜。

百人いたら百人迷わないように

鴻巣　最後は He put out his hand in the dark, and touched Mosaku's face, found that it was ice! という文章です。「彼は暗闇に腕をのばした。茂作の顔に触れると、氷のように冷たかった」と角田さんは訳している。it was ice って icy でもないんですね。ずいぶん直接的な表現です。

角田　……あ、そうか。雪女に触れるとほんとうに凍ってしまうのか。最初に読んだときに、なんだか雑な表現だと思ったのですが、これは妥当なのかな。

鴻巣　日本昔話で雪女が息を吹きかけると男が凍ってしまうシーンを見た気がします。凍死ですよね。

角田　平川訳は「氷のように冷たい」、平井訳は「氷のようにつめたくなっています」。田部訳は「それが氷である事が分った」と直訳しています。「氷のように冷たくなっていた」と「氷と化していた」は字面からおなじようなことを言っているように思えますが、映像化したときにはずいぶんちがいますね。角田さんはどうですか。

角田 私は「氷のように」のほうですね。鴻巣さんとお話ししていて、やっぱり私は楽譜のように英文を読むことはないんだなと思いました。it was ice という文章に対しても「氷のように冷たい」と何の違和感もなく訳してしまいます。

鴻巣 目が先に訳しているんですよ、それって。もうなんというか頭に届く前に。it was ice というのはなにかひと言くらい足りない感じがします。

角田 私はそこで立ち止まれないんです。あれ？ と思わないので、いま、ああそうかと気づいています。ただ、「顔に触れると、氷と化していた」と書いたときに、その場面がわからない人がいるんじゃないかと思います。全身が氷に包まれているのか、それとも凍死して冷たくなっているのかで立ち止まる人がいると思うんです。それだったら「顔に触れると、氷のように冷たかった」にして、百人いたら百人が迷わないような安易さを選びます。

鴻巣 読者に立ち止まらせないことの重要性は確実にあると思います。「ジューンバグに飛びつくアヒル」という英語の慣用句がありますが、「ここぞとばかりに飛びつく」という意味です。ただ、そこでジューンバグ（コガネムシの仲間）とアヒルを活かそうとすると、妙に考え込まないと読めなくなる。日本の翻訳はむしろ「立ち止まらせる」ような異質性を大切にしてきたのですが、あまり行きすぎないように気をつけています。

角田　そう考える人もいるんですね。今日はいろいろ勉強になりました。

WUTHERING HEIGHTS

鴻巣友季子

水村美苗

水村美苗（みずむら・みなえ）
東京生まれ。作家。12歳で渡米。プリンストン大学などで日本近代文学を教える。著作に『續明暗』（芸術選奨新人賞）、『私小説 from left to right』（野間文芸新人賞）、『本格小説』（読売文学賞）、『日本語が亡びるとき—英語の世紀の中で』（小林秀雄賞）、『母の遺産—新聞小説』（大佛次郎賞）ほか。

to marry Edger Linton than I have to be in heaven; and if the wicked man in there had not brought Heathcliff so low, I shouldn’t have thought of it. [4]It would degrade me to marry Heathcliff now; so he shall never know how I love him: and that, not because he's handsome, Nelly, but because he's more myself than I am. [5]Whatever our souls are made of, his and mine are the same; and Linton’s is as different as a moonbeam from lightning, or frost from fire.’

XV

[1]‘You teach me now how cruel you’ve been cruel — and false. [2]*Why* did you despite me? [3]*Why* did you betray your own heart, Cathy? [4]I have not one

WUTHERING HEIGHTS

Emily Jane Brontë

IX

'If I were in heaven, Nelly, I should be extremely miserable.'

[1]'Because you are not fit to go there,' I answered. [2]'All sinners would be miserable in heaven.'

[1]'But it is not for that. [2]I dreamt once that I was there.'

[1]'I tell you I won't hearken to your dreams, Miss Catherine! [2]I'll go to bed,' I interrupted again.

[1]She laughed, and held me down; for I made a motion to leave my chair.

[1]'This is nothing,' cried she: 'I was only going to say that heaven did not seem to be my home; and I broke my heart with weeping to come back to earth; and the angels were so angry that they flung me out into the middle of the heath on the top of Wuthering Heights; where I woke sobbing for joy. [2]That will do to explain my secret, as well as the other. [3]I've no more business

not in heaven — not perished — where? [5]Oh! you
said you cared nothing for my sufferings! [6]And I pray
one prayer — I repeat it till my tongue stiffens —
Catherine Earnshaw, may you not rest as long as I
am living; you said I killed you — haunt me, then!
[7]The murdered *do* haunt their murderers, I believe. [8]I
know that ghosts *have* wandered on earth. [9]Be with me
always — take any form — drive me mad! only *do*
not leave me in this abyss, where I cannot find you!
[10]Oh, God! it is unutterable! [11]I *cannot* live without my
life! [12]I *cannot* live without my soul! '

word of comfort. [5]You deserve this. [6]You have killed yourself. [7]Yes, you may kiss me, and cry; and wring out my kisses and tears: they'll blight you — they'll damn you. [8]You loved me — then what *right* had you to leave me? [9]What right — answer me — for the poor fancy you felt for Linton? [10]Because misery and degradation, and death, and nothing that God or Satan could inflict would have parted us, *you*, of your own will, did it. [11]I have not broken your heart — *you* have broken it; and in breaking it, you have broken mine. [12]So much the worse for me that I am strong. [13]Do I want to live? [14]What kind of living will it be when you — oh, God! would *you* like to live with your soul in the gave?'

XVI

[1]'May she wake in torment!' he cried, with frightful vehemence, stamping his foot, and groaning in a sudden paroxysm of ungovernable passion. [2]'Why, she's a liar to the end! [3]Where is she? [4]Not *there* —

『嵐が丘』

第九章

「あたし、もし天国に行ったらね、とてもみじめになると思う」

「そりゃあ、あなたが天国に行けるようなお人じゃあないからですよ」と私は応えました。「罪びとはみんな天国ではみじめになりますからね」

「そういう意味じゃあないのよ。実はあたしね、一度、天国に行った夢を見たの」

「キャサリンお嬢様、あなたの夢なんて聞く気はありませんせんたら！　もう私は寝みますよ」私はまた話をさえぎろうとしました。

彼女は笑い声を立てると、私が椅子から離れようとしたのを押し留めました。

「どうっていうことない話なのよ」と声を上げます。「言いたかったのはこれだけなの。天国なんてあたしの居る場所じゃないっていう気がしてね、地上に戻りたいって泣くうちに胸が張り裂けてしまったの。そうしたら天使たちがひどく怒って、あたしをこの嵐が丘のてっぺんのヒースの茂みに放り出してしまったのよ。あたしったら、そこで嬉し泣きしながら目を覚ましたっていうわけ。これで、あたしの秘密も、さっきのことも、よくわかるでしょう。あたしには、天国にいるのが、ふさわしくない。エドガーと結婚するのも、それと同じくらい、ふさわしくないことなのよ。もしあの鬼みたいな兄さんがヒースクリフをあそこまでみじめにしなかったら、エドガーとの結婚なんか、考えやしなかったわ。いまとなっては、ヒースクリフと結婚するなんて、屈辱的じゃない。だからね、彼はこれからも知ることはないの、あたしがどんなに愛しているかっていうことを。美しいから愛してるってわけじゃあないのよ、ネリー。彼が、あたしより、もっとあたしそのものだからなの。あたしたちの魂が何からできているにせよ、彼とあたしのはおんなじものなの。そしてリントンのは、まったくちがうの。月明かりと稲妻――霜と炎。それぐらいちがうの」

第十五章

「君がいかに残酷だったたか、今となって教えてくれるのか――いかに残酷で、不実だったかを。いったいなぜ俺を蔑んだんだ。キャシー、いったいなぜ君自身のこころを裏切ったんだ。慰めの言葉なんて一言だってかけようもない。自業自得さ。君はじぶんでじぶんを殺したのさ。そうさ、俺にキスしたらいい。泣けばいい。俺からキスやら涙やらを絞り出したらいい。俺のキスと涙に、君はさいなまれ――呪われるんだ。君は俺を愛してた――それなら、いったい何の権利があって俺を捨てたんだ。答えておくれ。何の権利があったっていうんだ。リントン相手のつまらん遊び心のためか。貧乏だって、屈辱だって、いや、死ぬことだって――神や悪魔が下しうるどんな仕打ちだって、俺たちの仲を裂くことはありえなかったんだ。君が望んでそうしたんだ。俺が君の胸を引き裂いたんじゃあない。君がじぶんで引き裂いたんだ。そうして、そうすることによって、この俺の胸も引き裂いちまったんだ。こんな頑強な身体をしている俺は気の毒なもんだ。俺が生きたいかって？いったいどんな人生になるっていうんだ、この先、君が、いなく……。ちくしょう！君自身はどうなんだ。君は生きたかい？じぶんの魂が墓に入っちまった人生を」

第十六章

「苦しみにさいなまれて目覚めるがよい！」

　抑えがたい感情の発作に襲われた彼は、地団駄を踏みながら、恐ろしい激しさでうめくように叫びました。

「あれは最後まで嘘つきだったんだ。いったいどこにいるんだ。あそこに──天国に──いるんでもなければ、死んじまったんでもない。どこだ。君は言ってた！　俺の苦しみなんかどうだっていいって！　俺は一つの祈りだけを唱えよう。舌が動かなくなるまでくり返し唱えてやろう。キャサリン・アーンショウ。この俺さまが生きているかぎり、おまえに安らぎが訪れることはないように、と。俺が君を殺したって、君はそう言っただろう。だったら、俺に取り憑いてくれ！　殺されたものは殺したものに取り憑くもんなんだ。むかしは幽霊が地の上を彷徨ってたそうじゃあないか。いつもそばにいておくれ。どんな姿で現れたっていい。いっそ気ちがいにしておくれ！　ただ、この途方もない闇──君がいないこの途方もない闇に置きざりにすることだけはやめておくれ！　ああ！　こんな思いをなんて言ったらいいんだ……。俺はじぶんの命なしには生きていけない！　自分の魂なしには生きていけない！」


（水村美苗・訳）

『嵐が丘』

第九章

「ねえ、ネリー、わたし天国に行ったら、とてつもなくみじめだと思うの」

「天国に行くのにふさわしくありませんからね」あたしは答えました。「きっと罪人はみんな天国ではみじめなんですよ」

「けど、そういう理由じゃないのよ。わたし一度、天国にいる夢を見たの」

「だから、夢の話は聞きませんって、キャサリン嬢様！　もうあたしは寝みますよ」あたしはまた話をさえぎりました。

キャサリンは笑いだして、あたしを押し止めました。席を立つような素振りをしたからです。

「なんてことない話よ」と、声を大きくします。「天国はわが家みたいな感じがしなかった、そう云おうとしただけ。だから、地上に帰りたいって、泣いて泣いて胸も張り裂けて、そしたら天使たちが怒っちゃって、わたしを放りだしたの。ヒースの繁る荒野の真ん中によ、この嵐が丘のてっぺんに。わたし、うれしくって泣きながら目を覚ました。これで、わたしの秘密も、天国のことも、説明がつくわよね。なにも、エドガー・リントンと結婚するいわれなんてないのよ、それは天国に行かなくていいのとおなじ。そう、あの意地悪なヒンドリーがヒースクリフをあんなに格下げしなければ、エドガーとの結婚なんて考えもするもんですか。でも、いまヒースクリフと結婚したら、わたし落ちぶれることになるでしょ。だから、あの子には、どんなに愛しているか打ち明けずにおくの。どうして愛しているかというと、ハンサムだからじゃなくてね、ネリー、あの子がわたし以上にわたしだからよ。人間の魂がなにで出来ていようと、ヒースクリフと私の魂はおなじもの。リントンの魂とは、稲妻が月明かりと違うぐらい、炎が氷と違うぐらい、かけ離れているの」

第十五章

「いまになって教えてくれようというのか——おまえがどれほど心なく不実だったかを。なぜ俺をないがしろにした？　なぜおまえ自身の心を裏切ったりしたんだ、キャシー？　なぐさめの言葉などかけられん——当然の報いじゃないか。おまえは自分で自分を殺したんだ。ああ、キスしたければしろ、泣きたければ泣け。そうして俺のキスと涙をしぼりとればいい。俺のキスと涙でおまえは枯れはてて——呪われていくんだ。俺を愛していたくせに、どんな権利があってすてた？　どんな権利があって——答えてくれ——リントンにつまらない夢を抱いたからか？　貧しさも、屈辱も、死も、神とサタンがあたえうるなにをもってしても、ふたりの仲を引き裂くことはできなかったはずなんだ、なら、おまえが好きこのんでやったんだろう。おまえの心を裂いたのは俺じゃないぞ、おまえが自分で勝手に傷つけたんだ。そうして自分が傷つくことで俺の心も傷つけた。俺は強いぶんだけきつい思いをさせられたよ。生きていたいかって？　どんな生活があるというんだ？　もしおまえに万一のことが——おお、神よ！　キャサリン、おまえなら自分の魂を墓に埋めても生き長らえたいと思うか？」

第十六章

「苦しんで目覚めればいいんだ！」ヒースクリフは恨み骨髄にてっする声で云ってじだんだを踏み、急にこみあげてくる気持ちをおさえきれず、自分も苦しそうに云いました。「そうか、あいつは死ぬまで嘘(うそ)つきだったんだな！　いまはどこにいる？　いや、あそこじゃない――天国にはいないぞ――まだ消えちゃいないんだ――どこにいる？　そうか！　おまえは俺の苦しみなんかどうでもいいと云ったな。じゃ、ひとつ祈りを唱えてやろう――舌がもつれるまでくりかえしてやる――キャサリン・アーンショウ、俺が生きているうちは、汝(なんじ)が決して安らかに眠らないことを！　おまえは俺に殺されたと云ったな――なら、この俺にとり憑(つ)いてみろ！　殺された人間は殺した人間にとり憑くものなんだ。そうだ、過去にも幽霊たちはこの地上をさまよってきたじゃないか。いつでもそばにいてくれ――どんな姿でもいい――俺をいっそ狂わせてくれ！　おまえの姿の見えないこんなどん底にだけは残していかないでくれ！　ちくしょう！　そう云えばいいんだ！　自分の命なしには生きていけない！　自分の魂なしに生きていけるわけがないんだ！」

（鴻巣友季子・訳）

鴻巣　水村さんと最初に対談させていただいたのは、十二年前、水村さんが『本格小説』を刊行なさったときでした。『本格小説』は日本版『嵐が丘』ともいうべき作品なので、『嵐が丘』のキャサリンとヒースクリフの恋愛を引き合いに出しつつ、パッションについて——情熱と受難、ふたつの意味においてですが——お話をさせていただきました。水村さんの心をとらえて離さない『嵐が丘』の大きな魅力とは恋愛の要素なのか、そもそもあの物語は恋愛小説なのか、ということを、そのときお尋ねしたのでした。

水村　やはり恋愛小説だと思います。ただ、あのゴシックなところに、異様な現実感があるでしょう。作家が何かに憑かれて書き、私たちは作品に憑かれてしまう。

最初の出会いは小学生で読んだ少女文学全集で、当時は『ジェーン・エア』のほうが好きでした。でも十二歳でアメリカに行ってからは、英文学は避けるようになってしまったんです。英語ができないのがおもしろくない。それでいて、いつかは原文で読めるはずだから何もいま読むには及ばないと考えていたんですね。ですから、翻訳文学といえば英文学以外のものを読んでいたし、大学では仏文を専攻したので、今度はフランス文学づけになりました。一度転校したせいで大学卒業は二十六歳のとき。そのあとたまたまケンブリッジに滞在することがあり、それで初めて『嵐が丘』を原文で読みました。

鴻巣 えっ、二十六のときにですか。私が原書で読んだのと同じ歳です。

水村 偶然ですね。私は原文で読んで、初めてこんなにすごい作品だったのかと驚きました。同時に、自分が原文で英文学を楽しめるようになっていたのにも、そのとき初めて気がつきました。それまでは辞書を引き引き、フランス文学ばかり読んでいたし、英語で読んできたものは、思想史などの授業で読まされる、硬いものばかりでしたから。『嵐が丘』はいま読んでいるのが英語だということさえ意識しないほどに没頭して読みました。作品の偉大さと、いつのまにか自分が英文学を楽しめるようになっていたという事実、その両方に驚いて記憶に残っています。

鴻巣 私が二十六歳で『嵐が丘』を原文で読んだときは、やっぱりむずかしいと思いました。それまで現代文学とコンテンポラリーを読むことが多かったので、十九世紀のブロンテが用いる動詞やその使いかたがすっとは入ってきませんでした。ブロンテはアマチュア作家だったからかもしれませんが、むずかしめの単語を使ってすこし肩に力が入っているようなところがありません？　ちょっと警戒気味でした（笑）。

水村 私はわからない単語は平気で読み飛ばす癖があるから、むずかしいなんて思わなかった（笑）。現代小説と比べると俗語が少ないという点で読みやすかったし、むずかしい単語になればなるほど英語はフランス語と近くなるという点でも、楽だったのかもしれません。

鴻巣　英語の観念的、抽象的な語句はラテン語系フランス語経由の借用が多いですから、英語として高度になるほど水村さんには読みやすくなるわけですね。

水村　高度というか、読んでいる本が硬かった。英語で読んでいたものといったら、教科書以外は、アリストテレス、プラトン、ルソーなどの英訳でしたから。それにアカデミアって、読む本も講義内容も言葉が古いんですよ。当時はジョイスを研究したいと言うと、新しすぎて問題になるくらいで。

鴻巣　じゃあ、物語のロマンとはフランス語を介して出会ってはいたけど、英語を介して出会っていなかったということですね、『嵐が丘』までは。

水村　はい。ハイスクールの授業では文学もよまされていましたけれど、のめりこむような作品はなくて。

鴻巣　この対談のために、水村さんには『嵐が丘』原文から数カ所を抜粋・翻訳していただきました。その日本語への翻訳作業と、二〇一三年に刊行された英語版『本格小説』の英訳作業を通じて、日本語と英語、それぞれの言語にできること、それらで小説を書くということについて、お話をうかがえればと思います。

日本語訳での工夫あれこれ

鴻巣　今日は水村さんにあえて翻訳問答のルールから外れて訳してもらっています。

水村　今回の『嵐が丘』の翻訳は、いったん自分で訳してから、阿部知二さんの訳を参考にし、次に鴻巣さんの訳を見てさらに直しました。

鴻巣　私のは十二年前に出たものなので、いまだったらこう訳すなという点がなくもないです。

水村　抜粋した部分は台詞ですので、文章も短く、訳しやすいところだったんですが、キリスト教に縁のある言葉が頻出するでしょう。「heaven」「angels」「God」など。西洋語だと日常言語にそういう言葉を入れることができ、ごく自然に人間の精神の広がりと深みが出せますよね。『本格小説』ではそのような宗教的な言葉を使うことができず、その点で西洋語が羨ましかったので、これらの部分を選びました。日本は西洋がキリスト教であるような意味での仏教国ではないので、「涅槃」も使えなかったし。

鴻巣　そうですね。まあ、「混沌」とか「業」なんかは使ってしまうのですが。

水村　鴻巣さんは片岡義男さんと対談集『翻訳問答』のなかで、翻訳の transparency（透明性）についてお話なさっていましたが、あれはすごくおもしろかった。欧米における「透明な翻訳」とは、もともと自国語で書かれたかのような訳文を指す。それに対し、日本では、逆に原文が透けて見えてこれは翻訳だとわかるような訳文のことを指す、ということですね。これは、やはり、中心的な文化と周縁的な文化とのちがいもあるでしょう。その非対称的な関係が、翻訳にもそのまま現れる。周縁的な日本では、翻訳があって当然で、翻訳の文章は、ふだん使っている「日本語」とはちがって構わないという大前提がありますよね。

鴻巣　はい、日本語読者は翻訳に対する耐性が強く、だから、あえて引っかかりのある異化翻訳もできます。それが日本でいう「透明な翻訳」です。

水村　「外国」というものに触れているという印象があったほうがいいということですよね。香水の匂いがするのであって線香ではないのだ、という。「天国」などという言葉は、翻訳を通じて、いまや日本語の一部になったように見えますが、それでもやはり異国情緒が残りますよね。じつは、『本格小説』の連載中に一度使ったんです。「お祖母さま」が夏の軽井沢を太郎に説明するときに、辺り一面緑で、まるで天国みたいだと言わせたんです。でも年寄りが口にするにはちょっとバタくさいし、「極楽」みたいだと言うものも妙だから、単行本化のさいに削除しました。

鴻巣　では「楽園」はどうかと言うと、Paradise Lost などが浮かんで、やはり異国的ですね。

水村　聖書の言葉は翻訳だったら平気で入れられても、日本語の小説ではなかなか使えません。九章の「I'll go to bed」を、鴻巣さんは「寝(やす)みますよ」としているでしょう。これはすごくいいと思って、そのまま盗みました。

鴻巣　ルビを振るというのは、私がわりと翻訳のときに使う〝ズル〟なんです（笑）。明治以来、日本の翻訳家たちがやってきたズルでもあります。たとえば「波濤」と書いて「なみ」とルビを振るとか。漢語を書いて大和言葉でルビを入れると、dual meaning、つまり解釈が二重にできて、有効なこともあります。日本語の翻訳者のルビ技はほんとうにすごくて、とくにフランスのサンボリズム詩の翻訳では最大限に駆使されていますね。

水村　あと「home」というのが訳しにくかった。

鴻巣　「did not seem to be my home」、わが家みたいに思えなかった、というところですね。水村さんは「home」を「居る場所」と訳していますす。あっ、なるほどと思いました。抽象概念としての「home」と具体的な「my home」という両方の意味を含むようにしていますね。

水村　日本語のリズム感としては「居場所」のほうがいいんでしょうけど、そうすると「居場所がない／ある」という意味のほうに寄ってしまう。

鴻巣　そうそう、「居場所」という収まりのいい三文字熟語にしちゃうと、かえって余計なものが付いてきます。home を「居る場所」と訳すと、「言葉が多すぎる」と怒る人もいるでしょう。原文は「home」という一単語なのに、どうして「居る」なんて動詞が入るんだ、と。だけど、その言葉のもつシンプリシティに迫るために、敢えて圧縮されたものを解体しなくちゃならないときってあるんです。もちろん、何とか一言で言おうとする翻訳家もいますけれど。

水村　ここで「ふるさと」なんて使う翻訳家もいるのかしら。

鴻巣　うーん、いるでしょうけど、「うさぎ追いし…」のイメージがくっついてくるから良し悪しですね。「郷里」と書いて「ふるさと」と読ませる人がいたり、ここは翻訳者がいろいろ試してみるところだと思います。

水村　そのあとの「I broke my heart with weeping to come back to earth」ですが、鴻巣さんも阿部さんも「weep（泣く）」のほうを主動詞にして訳していますね。

鴻巣　私はたぶん原文の語順を自然になぞったら「胸を張り裂けんばかりに泣いていたら」になったんでしょうね。

水村　私は「戻りたいって泣くうちに胸が張り裂けてしまったの」としたんですが、こうしたのは……

鴻巣　あっ、どこかと呼応しているんですね？

水村　そうなんです。十五章のヒースクリフの台詞「I have not broken your heart—you have broken it」とエコーさせるために、九章のキャサリンの台詞も「張り裂けてしまった」としたんです。

鴻巣　何と細かい！　いや、これは気がつくべき場所です。翻訳者の使命には森はさておき木を、とにかく細部を見るということもあるんですが、もうひとつには、数十ページ、ときには数百ページを隔てたエコーを聞き取るということもあります。それができる人とできない人ではかなり差がつきます。私も気づいていたはずだなあ、語順通りに訳して抵抗がなかったこと、それから「胸も張り裂けんばかりに」という常套句に引っ張られたんじゃないかと思います。日本語のイディオムが思考を左右するというのは大いにあり得ることですから。

水村　私はこれらの部分だけを抜き出したからたまたま聞き取ることができたというだけで、全部を読んでいたら気がつかなかったと思います。

十五章のこの台詞を、鴻巣さんは「心を傷つけた」と訳していますが、私、ここはもっと強い「壊した」という感じがします。同時に解釈の差だなと思ったのは、その先の「when you—oh, God!」のところ。

鴻巣　原文では途中までしか言っていないところですね。こういうのはむずかしい。訳すなら言わんとしていることをクリアに仄めかしつつ暈さないとならない。die とかはっきり言っちゃいけない。私は「もしおまえに万一のことが――おお、神よ！」と訳しています。忌まわしいことを口にしたくないという心理が働いていますよね。

水村　そう。

鴻巣　水村さんの訳は、「死」という禍々しい字を使わず、「いなくな」まで言うと言いすぎになるという一文字二文字レベルでのせめぎ合いで書かれています。私はこういうのを思いつかなかったので、「万一」という言葉で「あるまじき自体」を表現しようとしたんですね。

水村　「万一」と言うと、確率がそう高くないという印象があるでしょう。ここは「万一」より強いんじゃないかな。ヒースクリフはキャサリンが死ぬと思っていますから。

鴻巣　そこの微妙な捉えかたですねえ。私の訳では、現実の状況はともかく、心中ではまだそれを認められなくて、そんなことはないんだと自分に言い聞かせたい気持ちで「万一」と言っているんです。if you ではなくて when you だから、心のどこかでは同時にもう認めているんでしょうけど。

水村　私のは、彼はすでにあきらめているのだけど、「死」という言葉を使いそうになって、その恐ろしさにはっとして留ったという感じです。そこが解釈の差ですね。

鴻巣　細かい差が意外と全体に響く箇所ですね、ここは。

翻訳におけるアナクロニズム

水村 九章では、「It would degrade me to marry Heathcliff」もむずかしかった。degrade は、格が下がるという意味に加えて、もっと忌まわしいものがある。

鴻巣 degrade は、十九世紀のこの階級の女性が使う言葉としてとくに違和感はなかったのですが。

水村 うーん、どうなんでしょう。英語だとぴったり来る表現なんですけど、よい日本語がみつからない。

鴻巣 キャサリンの兄ヒンドリーのヒースクリフに対する扱いを話しているところでまず「brought Heathcliff so low」と表現し、その次に「degrade」という言葉が出てきます。

水村 私は最初の部分は「みじめにする」、次は「屈辱的」と訳しました。

鴻巣 私は最初の部分を「格下げ」としていますが、ここには現代日本の「格差婚」という言葉がほんのりエコーする気がします。先頃訳し終わった『風と共に去りぬ』でも、mesalliance という言葉が出てくるんですよ。これはフランス語から来てますよね。

水村 フランス語だと mésalliance、つまり「ミスマッチ」ですね。

鴻巣 スカーレット・オハラは、母親はフランス系貴族の出身なのに父親は労働者階級のアイルランド移民でしたから、両親は mesalliance なわけです。きっと硬い言葉で訳さなくてはならないんだろうと頭では思いつつ、いまどきの「格差婚」という言葉を使ってしまいました。もちろんそんな言いかたは一八〇〇年代中期（江戸時代）の日本にはなかったわけですけど。十九世紀において家柄のちがう二人の結婚は、どういう言葉で表現されていたんでしょう。

水村　明治以降の日本語では、「身分違いの」という表現がよく使われましたね。いまは死語ですが。

鴻巣　やはり「身分違いの結婚」と言うしかないのかな。翻訳は原理的に原作より先に生まれることはあり得なくてつねに原作の後に出るので、その当時なかった言葉を使わざるを得ないというアナクロニズム（時代錯誤）が必然的に含まれますね。

水村　それは仕方ないと思います。そもそも十九世紀後半の明治以降の日本語を使って、西洋の紀元前のものからシェイクスピアまで訳しているのですから、アナクロニズムは、いわば、翻訳の宿命のようなものでしょう。

鴻巣　ほんとうにそうですね。当時の雰囲気を完全に再現することは不可能ですが、ところどころ現代の読者が読みやすい単語を入れたり、逆にレトロスペクティブな、すこし時代がかった語を入れたりはしています。アナクロニズムだなと思いながら。

水村　語彙の種類が多いのはいいと思う。読書の楽しみには忘れていた言葉との再会もあるでしょう。読みやすかったら、知らない言葉なんて読み流せちゃうし。

鴻巣　『風と共に去りぬ』のなかで、農園の経営者であるスカーレットが妊娠して仕事をお休みするというくだりがあります。当時のアメリカ南部では、女性が家庭外に職をもって働くことじたい、一般的ではなかったわけですが、私はあえて「産休」という用語を使ったんです。そんな制度じたいなかったというのに。しかも日本で生まれた略語を当てはめているわけですから、時代考証としては完全にバツです。水村さんはどう思われますか。

水村 私はそのあたりは保守的で、古い時代の作品は古めかしい言葉で処理しようと考えるでしょうね。ですから、私自身は使わないと思います。でもそれは、翻訳家のもつ選択肢の内のひとつじゃないかしら。

『嵐が丘』に戻ると、色々考えたあげく、うまく訳せたと思う箇所もありました。たとえば、九章の「あたしったら〜っていうわけ」のところ。原文では、前文からセミコロンで繋がっています。それが実に微妙なセミコロンで。

鴻巣 英語の punctuation（句読法）はコロン、セミコロン、カンマ、ダーシと多様ですが、旧来の日本語にはそういったグラデーションがありません。句点と読点だけ。英語では、いちばん重いのがピリオド、そのあとにコロン、セミコロン、カンマとあって、だんだん軽くなっていく。この微妙なセミコロンにはいつも手を焼きます。

水村 ここのセミコロン、意味としては but でしょう。でもわざわざセミコロンになっているから、考えたあげく、「（天使たちの期待に反して）あたしったら」というふうにしたんです。

鴻巣 絶妙ですね。私、『嵐が丘』の冒頭のほうで、セミコロンを「そうそう」と訳したところもあります。ヒースクリフが召使のジョウゼフ爺さんにいろいろ命じるところです。ジョウゼフ、馬をつないでおけ、セミコロン、ワインを持ってこい、セミコロン……そんな感じです。おそらく「馬をつないでこい、そして」という感じではない。馬をつないでこいと言ったときには、まだワインのことは頭になかったと思います。一拍あって、「ああそうそう、ワインでも持ってこい」というブレスの具合だろうと判断して、そんなふうにセミコロンを訳したこともあります。

水村 なるほど。そういうやりかたもあるんですね。

鴻巣 翻訳だと、ご自身の作品だったら絶対に使わないような表現ができてきますか。

水村 たとえば「あたしったら〜っているわけ」の「わけ」は、あまり好きはないんです。自分で日本語で書いていたら、こういう使いかたはしなかったと思う。でも、翻訳だと、原文の意味を通すために、ふだんは使わない言い回しをすることになるんじゃないかと思います。

鴻巣 ちょっと譲るところがある、と。つまり、原文を尊重するということでしょうか。

水村 原文を尊重しつつ、それでいて意味が通りやすいようにしようと思いますから。

鴻巣 ということは、今回の翻訳では、基本的には欧米風の同化翻訳、すなわち「透明な翻訳」に則ったわけですね。

水村 ええ、そうです。時間があったら、まったくべつのバージョンの訳もしたかったんですけど。

鴻巣 異化効果だらけの、それこそブレヒト風の、一歩一歩立ち止まらないと読み進められないような『嵐が丘』。おもしろいですね。

水村 そうそう。あるいは鷗外みたいな擬古文とか。

それから、第十九章の最後から三文目の Oh, God! it is unutterable! についてです。私は「ああ！ こんな思いを何と言ったらいいんだ……」としてインターナル・モノローグのように考えました。そもそも unutterable「言えない」なんて言葉はそうかんたんに口から出て来るものではないと思うんですが(笑)。祈りに近い台詞だと考えました。

鴻巣　私は「ちくしょう！」にしているので、苛立ちや焦燥による悪態に近いかもしれません。たしかに解釈のちがいがありますね。

水村　それから、同じ十九章の最後から五文目 I know that ghosts have wandered on earth はなんで have wandered なのかしら。これ、不思議だと思いません？

鴻巣　私もこの部分は慎重に考えました。現在完了形と呼ばれるものですよね。最初に読んだとき、完了形で書かれているということは、時制をひとつ前に遡らせようとしているのだと思って、「過去にも」としたんです。

水村　私もそう考えて「むかしは」としました。

鴻巣　でも、単に「幽霊というのは古（いにしえ）からいままでこの世を彷徨ってきた」ということを言いたいだけなんじゃないかと思うんです。

水村　had ではないですから、たしかにそうですね。鴻巣さんの訳のほうが正しいと思います。ブロンテ家はアイリッシュ系の家系なので、ケルト的な伝説と関係があるのかなと深く考えてしまいました。

鴻巣　たしかに、『嵐が丘』の舞台は北ヨークシャーなので、ケルト文化との親和性は高いですね。ケルトという発想が生まれるのが水村さん流です。

英語では表現できないこと

水村 こんなふうに英語を日本語に訳そうとすると、日本語に訳しにくいところに目が行きますが、『本格小説』の英訳に関わっている間は、逆でした。『本格小説』の英訳者はジェリエット・W・カーペンターさんという、素晴らしいベテランの翻訳者だったのですけれど、一緒に作業していると、ああ、これも英語には訳せないんだと……。

たとえば、敬語ね。英語では敬語を使えないのがほんとうにつまらなかった。『本格小説』の中心的な語り手は冨美子という女中で、源氏物語の「女房」――英語では lady in waiting と言いますけれども――その「女房」のように、敬語を使って語ります。彼女の雇い主である、すこし意地の悪い三枝三姉妹の言動が敬語で語られることによって、poignancy といいますか、より皮肉が出ますでしょう。さらには、使用人である冨美子が敬語で語り通すことで、じつは彼女が誇り高き人物であることが浮かび上がるし、太郎の前でぱたっと敬語をやめるときにはエロチックな感じさえ出る。そういう操作が英訳ではぜんぜんできない。

敬語と関係して、冨美子がほかの人をどう名指すべきかも問題でした。旦那様、奥様、お祖母さまなどが翻訳できないのです。旦那様を「Master」にしてしまうと、古いイギリスの小説みたいだということで、結局「タケロウ」というファーストネームになってしまったんです。女中さんが旦那様のことを「タケロウ」と呼ぶなんて、あぁーって感じなんだけど、米語ではそうするしかなくて。会話では「ミスター・ウタガワ」と敬称をつけますけれど。

そういえば、カーペンターさんは日本に長いせいで、自分の会話が英語らしくなくなってきたと言っていました。英語では、「〜, Minae?」という風に、終始呼びかけをしなくてはならない。そのほうが優しく丁寧な感じになるから。でも日本人は誰もそうしない。だから自分も英語でそうするのを忘れちゃうと。こういう呼びかけは英語から日本語への翻訳では抜いてしまってもいいんですよね。

鴻巣　ええ。逆に私は、日本語を話しているとき「〜ですか、美苗さん」とか、文末のほうに呼びかけを付ける癖が出ることがあります(笑)。今回の『嵐が丘』の抜粋部分にも「ネリー」という呼びかけを文の真んなかに挟んでいる箇所がありますね。読みにくいかな。

水村　日本語は間主観的な言語ですが、英語はちがいますでしょう。相手が誰であろうと文章じたいはそう変わらず、相手との距離を示す方法は、主に敬称や愛称によってなんですよね。文章のあと、「Your Majesty」とくるか「honey」とくるかで、王様に向けた言葉になったり、妻に向けた言葉になったりする。そして、endearment(親愛の表現)がやたらに豊富ですよね。フランス語でも mon petit chouchou とか、そういう表現をちょこちょこ付ける。

鴻巣　とにかく my dear とか honey とか、endearment ほど訳すのに困るものはないですね。日本語はまず尊敬語と謙譲語があり、お互いの関係がはっきりしていますから。日本語が間人主観的言語であると言われるゆえんは、要するに、「あなた」と言わなくても通じる、

dearとか付けなくても敬意が通じる、つまり誰が誰にしゃべっているのかが、主語でも目的語でもendearmentでもないところで決定しているという、ある種の特殊な構造から来ているのではないでしょうか。だから日本語では、客観的に描写するというより、誰かが見て語っているという形でしか書けないとよく言われます。私は翻訳に関しては「一人称をどう訳すか決めたときに文章の腰が座る」という言いかたをよくするんですけど。

水村　文体が決まってきますものね。

鴻巣　ええ。どんな人がどこからどう見て書いているかというのは、作品の方向性を決める作業ですね。『本格小説』も、日本語で読むと、冨美子が見聞きしたことを語っているという形はつねにはっきりしています。たとえば、「よう子ちゃんは○○したらしくて」とか「私が見たところ」とか、見て判断したとわかる表現が必ず入っている。でも英訳では、「I saw」とはとくに入ってなくて、「Yoko lay facing the ceiling.（よう子は上を向いて寝ていました）」となっているんですよね。

水村　語りが透明になってしまう。英語で毎回それを直訳したら長ったらしくなるからでしょうね。

鴻巣　とはいえ、水村さんは日本語作家のなかでもやっぱり欧米の感覚に近いと思います。英訳版で「When he saw my face ~」という一文があるのですが、これはまさに直訳で、水村さんの原文でもいわゆる神の視点で書かれている。ふつうだったら「彼は私の顔が見えたらしくて」と書く気がします。

水村　なるほど。

鴻巣　そうそう、英訳では深雪の名前が「Miki」になっていましたが、何か理由があるんですか？

水村　翻訳の共同作業をしているうちに、登場人物の名前が雅之、典之、と全部「ユキ」がついていて紛らわしいのを発見したんです。それで深雪は「Miki」に直したんです。雅之と深雪は、ローマ字のような表音文字だと「Masayuki」と「Miyuki」となる。すごく似ちゃうんですね。

鴻巣　いま、すごい衝撃を受けました！　日本語への翻訳ではあり得ないことです。アリとアミとアキが出てきても、愚直に訳すのが日本の翻訳家です（笑）。

水村　私自身も関わっていたから、こういうことが現場でパッとでてきたんです。でも、どうにもならないことは、たくさんありました。たとえば、名前の漢字なんて生かしようもないでしょう。冨美子という名前だって、富んでいて美しいのは三枝三姉妹なので、最初は皮肉な名前なんです。それが、最後には、冨美子はじっさいに金持ちになる。「美しい」とも形容される。そういう遊びがぜんぜん生かされない。漢字は記憶装置にもなります。三人姉妹のいる家は「三枝」にして三の字を重ね、格の高い家は「重光」と重厚にし、覚えやすいように名前をつけているんですけど、それも英訳では消えてしまう。

鴻巣　漢字はピクチャレスクな文字ですからね。

水村　三人称ですが、祐介という男の視点での語りは、すこし夏目漱石っぽい漢字を入れて、男性的な文体にしたりもしました。そんなジェンダーの差も英語では出せません。ああ、できないことを挙げはじめると、切りがない(笑)。

日本語ではできない「独白」

水村　英訳では欧米風の「透明な翻訳」を目指しましたが、いくつかはこだわりを残しました。たとえば「布団」に入るときは「bed」とは訳してほしくなかったんです。「go to bed」はたんに寝るという意味でしかないといくら言われても、畳の上で寝る姿を想像してほしかったので、「布団」のときは「futon」にしました。原文に忠実に二つを使い分けることによって、時代が下るにつれ、子どもたちがベッドで遊んだり、果ては冨美子がベッドで寝たりと、日本がどんどん西洋化されていくようすを読み取ってほしかったのです。他にも、「割烹着＝smock」と「エプロン」の使い分けとか。女中さん達は割烹着で、ブルジョワ婦人はエプロンですね。それも時代によって変わってくる。座りかたひとつとっても、畳の上にちょこんと座っている女の子を想像してもらうために、足を折って座る「カエル座り」などを、かんたんな説明を加えて出しました。「上がり框」も省略せず、「raised floor」にして、西洋の家とはちがう空間なんだとわかってもらおうとしました。

鴻巣　座りかたと言えば、海外小説ではときどき片足を折って、もういっぽうを椅子からぶらつかせる座りかたが登場しませんか。それから、椅子の背にお腹を付けて逆向きに座るとか。こうした座りかたは、男らしさやカジュアルさ、リラックスしているようすを表わすジェスチャーになっていますね。こういう身ぶりを翻訳するのはむずかしいですね。

水村 おっしゃる通りです。身ぶりは文化ですものね。日本語の「お辞儀する」などは終始割愛しなくてはならなかった。

それから、上がり框に戻りますと、魚屋さんが台所の上がり框に腰掛けて、冨美子を「サテン」、つまり喫茶店に誘うところがあるんです。ところがあいだに入ったイギリス人の編集者がいくら何でもこれはおかしいと。英語、ことに米語に訳すとあまりに色っぽくなさすぎるんですね。

鴻巣 お茶を飲むことには誘いの意味は含まれない、と。

水村 そう。上品すぎるんです。だから「drink」、お酒を呑むのに誘うというふうにしました。だいたい言葉によって癖がありますね。たとえば、よう子ですが、胸もお尻もぺたんこな子として原文では形容されているんです。太郎はどうしてこんな子に性欲を抱き得るんだろうかという、冨美子の冷たく突き放した視線ですね。ところが、西洋文学はロマンスや肉体関係がすごく好きでしょう。翻訳されるとほぼ同時に、ぺたんこがポジティブなニュアンスになっちゃうんですね。

鴻巣 「ほとんど凹凸がない」が「ほのかな膨らみ」になる、と。「little」と「a little」のちがいですね（笑）。

水村 それがなかなか伝わらない。私はエロチックにしたくないから、これからよう子が太郎と寝ようというときも、「やろう」ってよう子に言わせたんですけど、最初は「take me」と訳してくる。色っぽいでしょう。

鴻巣　映画の台詞でもありますね、成熟した女が「抱いて」と迫るような。原文はもっと雑な感じですよね。

水村　だから私は「Let's do it」と変えたのね。そしたらカーペンターさんはすごく頭のいい人だから「Let's be done with it」と目の前でさっと変えてくれた。さっさと終えちゃいましょう、というニュアンスになりました。こういうやりとりは共同作業のおもしろさですね。

『本格小説』の英訳の共同作業を終えて、あらためて『嵐が丘』とのちがいを考えたんですけど、会話のちがいは大きいですね。日本語の小説では、登場人物に会話で何かを語らせるというのがほとんど不可能でしょう。会話のうまい漱石などは二、三行ずつの台詞を交わさせるだけです。ところが英語では、寡黙と思っていたヒースクリフだってじつは長々と話している。彼、けっこうおしゃべりだったの。

鴻巣　わかります。英語だと、ひとつの台詞のなかでもたびたび改行があって、括弧を閉じないまま次の"（「）がはじまり、そうして何段落も続いたりしますよね。それくらい長い台詞をしゃべっているということなんですけど、日本の編集者はこれをすごく嫌います。誤植に見えるから嫌だって。

水村　恋愛の会話でも、長い独白が使えないんですね。沈黙が美徳とされているし、ことに男性が自分の愛について長々としゃべったりするのは興ざめでしょう。

鴻巣　確かに、日本の男性がヒースクリフぐらいしゃべっていたら興ざめかもしれない（笑）。

日本語の場合、会話のなかでいっぽうが長々としゃべることはモラルに反するというところがあるでしょうか。

水村 それもあるでしょう。でもじっさいは、英語でもああは長く話さないかもしれない。文学の伝統として、独白の長さに対する許容範囲がちがうというのもあると思います。

『嵐が丘』では、キャシーの死にいたる場面は二人ともが饒舌でしょう。饒舌なクライマックス。『本格小説』では、よう子が死ぬ場面は恋人たちを饒舌にできなかったし、そもそも最後の愛の言葉も英語に直訳するとこれまた凡庸になってしまうし、あ〜あ、という感じでした。日本語は恋愛には向いていませんね。カーペンターさんが「Damn heaven and earth!」などと入れてくれて何とかなりましたが。英語は、感情が高ぶっているときには、こういうcurse words（罵倒語）を入れると生きてくるんですね。

鴻巣 swear words とも言いますが、日本語にはない種類のものですね。宗教観が根底にあるフレーズが多いので、単に「ちくしょう」「このやろう」とはちがいますし、なにしろ向こうの罵倒語は種類も豊富なので、訳せなくて困ることがしばしばです。

水村 感情の高ぶりを示す言葉として入れると、それと同時に、どこかで宗教的なものも響きますよね。西洋の恋愛とは、つまるところ、神と自分という一対一の絶対的な関係をそのまま人間同士に移したものですから、愛の言葉がそのまま宗教的な言葉でもあるんですね。

でも、こうした翻訳を通じて英語と日本語を比べてみると、身びいきですが、日本語のおもしろさに感じ入ることが多かった。

鴻巣　だって、『本格小説』の原文は日本語ですから！（笑）

水村　ええ、でもそのことは脇に置いても、日本語はおもしろい書き言葉だと思うの。漢字があったり、敬語があったり、男女差があったり、なかなか優れた言葉だと思うんですね。見ているだけで楽しいし。英語は論理的に構築せざるをえない言葉で、愛の言葉もそう。そのような論理性は頭脳に強烈な快感を与えうるけれど、不自由でもあります。

私にとって英語がいちばん羨ましいのは、音読に向いていることかしら。私自身、英語の文章を書くときに、何回も口に出して読んで、リズムがおかしくないかを考えます。耳で聞いたときにわかりやすくて楽しい言葉なんです。

鴻巣　だから英語圏では朗読会が盛んなんでしょうね。日本語だと、音声で聞いても同時にテキストを見ないと正確に聞き取れないということもあるので、視覚と併せて完結する感じがあります。

水村　そう。でも漢字で意味を固定できるから、方言だって、平仮名でうまく表現できますでしょう。英語は表音文字とはいえ、じっさいは単語をひとつの単位として読んでいるので、正記法が崩れるとひどく読みにくくなります。

鴻巣　『嵐が丘』でジョウゼフ爺さんが出てきてヨークシャー言葉で話す部分は、文法はさほど崩れているわけではないのに、記法が崩れているのですごく読みにくいです。だから、スペリングの解体と文法破格が他出する『風と共に去りぬ』はほぼ全篇音読して訳しました。声に出してはじめて意味がわかる。

水村　そうそう。それが『細雪』の船場言葉の会話はぜんぜん読みにくくないでしょう。やっぱり表意と表音、二種類の文字があるのは便利だなと思います。

『本格小説』の影響を受けた『嵐が丘』!?

鴻巣　今回の水村さんの『嵐が丘』訳は、いろんな意味で歴史的だと思いました。まず、日本版『嵐が丘』と言われる『本格小説』を書いた水村さんによる訳だという、パブリックな意味での歴史性。もうひとつは個人的なことと文学理論的なことの双方向に関わるのですが――今回、私は故自分のルーツをまざまざと見たように感じて、すごくびっくりしたんです。まず水村さんと私の訳を比べると、細かい解釈のちがいはあるにせよ、全体に似ています。水村さんが私の訳文を参照されたというだけではないと思ったんです。現代の読者だったら、『本格小説』の後に『嵐が丘』という順で読む人もたくさんいるでしょう。当然、『本格小説』を読んだ目で『嵐が丘』を読むことになるわけです。そうしたら絶対に、キャサリンやネリーがしゃべる間に冨美子やよう子ちゃんの声が頭のなかで響くはずなんです。私、『本格小説』を読んだのは自分が『嵐が丘』を訳し終えてからだとずっと思っていました。でもこれは捏造された記憶だったようで、よく考えてみたら、私が訳しているころに『本格小説』が刊行され、公開対談で水村さんとお話ししているので、私は翻訳し終わる前に『本格小説』

を読んでいるはずなんです。端的に言うと、きっと私の『嵐が丘』の訳は、ほかでもない、『本格小説』に影響を受けているんですよ！

水村　同時進行だったんですか。

鴻巣　不思議なことに、当時の私はそれをあまり意識していなかったんです。今回、自分の訳より後に書かれた水村さんの訳を見て、自分が『本格小説』から影響を受けていたことに初めて気が付いたという。おもしろいですよね。十九世紀に書かれた『嵐が丘』が、私という訳者を媒介にして間接的にですが、二十一世紀に書かれた『本格小説』から影響を受けたということになるわけです。それですごく興奮してしまって。

水村　鴻巣さんのキャサリンは、よう子みたいなしゃべりかたですものね。

鴻巣　私のキャサリンは部分的によう子ちゃんだったんですかね（笑）。

水村さんはよくご存じだと思いますが、T・S・エリオットは「伝統と個人の才能」という有名なエッセイでこういうことを言っています。新たな芸術作品が生まれるさい、過去の作品との比較や関わりによる影響を受けるが、まったく同じことが過去の作品に対しても起きる、と。影響とは過去から現在に対してという方向性だけでなく、現在から過去へも遡行するのだと言っています。たとえば、いま、現代文学作品がちょうど良いオーダーで並んでいるとします。そこに新しい作品が入ってくると、その並びや序列がすこし替り、全体における各作品の位置関係、比率、価値が再認識、再調整される。つまり、古いものと新しいものの間に新たな協調がなされる。この考えかたを認めるのであれば、現在が過去に導かれるのと同じように、過去は現在に作りかえられると言ってもあながち突飛でない、と。

水村 シェイクスピアはフロイトを剽窃したというような話と同じですね。

鴻巣 そういうことです。作家のデイヴィット・ロッジがおもしろいことを書いています。T・S・エリオットを先に読んだ現代の読者が、次にシェイクスピアを読んだとします。そうすると、「これはエリオットのパクリか?」と思うわけです。もちろんエリオットがシェイクスピアの影響を受けているわけですが。ピエール・バイヤールというフランスの評論家はこういう時間的・影響関係的な逆転を「le plagiat par anticipation」と表現していて——私はそれを「先取りの剽窃」と呼んでいるんですけど——、この現象は古典新訳や翻訳の世界では頻繁に起きます。翻って言えば、T・S・エリオットが展開したさっきの論だって、「これ、バイヤールのパクリじゃないか?」ということになってしまう(笑)。

私は『本格小説』以外にも、映画や舞台、マンガ『ガラスの仮面』まで、さまざまな『嵐が丘』の副次的作品に触れてきました。さらにそこから派生したのであろう『レベッカ』、ある意味では『嵐が丘』チルドレンともいえる『風と共に去りぬ』にも接してきた末に、『嵐が丘』を訳したわけですから、この十九世紀の古典は、不可避的に未来の影響のもとで読まれることになります。それで、さっきお話しした「産休」という言葉がアナクロニズムかどうかという問題も出てくるわけなんですが。

「先取りの剽窃」理論について、いままでいろんなところで言及してきたんですが、自分自身がまさにその渦中にいて、体験しているとは思いませんでした……!

水村　なるほど。ところで逆インタビューになってしまいますが、鴻巣さんはなぜ翻訳家になろうと思われたのですか。

鴻巣　翻訳家のなかには、大学教員をしているなかでたまたま翻訳をするようになられた方もいらっしゃいますが、私は意図して翻訳家になったタイプです。もともと文章を書きたいと思っていましたから、大学生の頃、いまは廃刊されてしまった『海燕』という文芸誌に短編を送ったこともあります。ただ、二十代前半で自分には小説家の才能がないとわかりました。

水村　翻訳家になられたいまは、小説家になるよりも翻訳家になるほうがよほどいいと思っていらっしゃるんじゃないのかしら。

鴻巣　良い悪いはないですが、やっぱりオリジナルを書く人が偉いと思っています。翻訳はあくまで二次作品ですから。

水村　私の知っている翻訳家の方々は皆、翻訳にしか興味がないとおっしゃっていたので、鴻巣さんの意見は新鮮です。『本格小説』を英訳して下さったカーペンターさんはフランス語にも長けているんです。でも、彼女は英語とフランス語では言語として十分に距離がなくて、つまらないと感じ、それで大学で日本語を選んだと言っていました。言語学者になることも考えていたそうです。彼女を含め翻訳家の方は皆、語学が好きで翻訳をされているのだと思っていたのですが、鴻巣さんはちがうのですね。

鴻巣　英語を読んだり、訳したりする作業に快感を覚える方もいると思うんですが、私はすこしちがうと思います。英語を触っているのが好きだというのとはちがって、私は英語を使ってどこか遠くへ行きたい、日本語の発想では出てこない物語を知りたい、そんなことを考えていました。学校の英語の授業も甚だしくおもしろくなかったですし。

私は自分で書くことで読者を得ることはできませんでしたが、誰かに読んで欲しいという気持ちはありました。それで一九歳のある日、翻訳家という職業があることを認識したのです。もちろん、それまでも翻訳された小説を読んでいましたから、翻訳家という職業があることは知っていましたが、強く意識したのはそのときがはじめてでした。しかも、訓練すれば自分も文章を書かせてもらえるかもしれないと〝打算〟し、勝手に決めてしまったのです（笑）。

水村　そうでしたか。たしかに言葉オタクというだけでしたらべつに翻訳者にはなりませんよね。翻訳者になるからには、やはり文学的に言葉と関わることが好きなのだと思います。いずれにせよ、翻訳は決して二次的なものではないと思いますが……。

そういえば、よく小説を書くのと翻訳と両方やる方がいらっしゃいますが、等分でやられる方はかなり少ないですよね。

鴻巣　そうですね。等分でやっている方は村上春樹さんや谷崎由依さんなどでしょうか。春樹さんは意図的に小説と翻訳を交互にされているそうですね。前回『翻訳問答』でご一緒させていただいた片岡義男さんも『スローなブギにしてくれ』を出す前は翻訳をされていましたが、それ以降はあまり訳されなくなりました。やはり小説に比重があって、ぽつぽつと翻訳をされる方が多いですね。ただ、明治時代のことを考えると、森鴎外は小説家というより翻訳家と言っていい部分があります。

水村 新しい言葉が成立するときは、必ず翻訳がありますから。

鴻巣 やはり明治時代は自分の歩く道を作りながら歩くという感じでしたね。ジェームズ・クッツェーやヴァージニア・ウルフなど、私が翻訳した作家は小説を書きながら翻訳もしています。ヴァージニア・ウルフは職業翻訳家ではありませんが、ギリシャ悲劇を自分で対訳したりしています。また、オランダやスイスのような大国に囲まれた小国は西洋世界で生きるために翻訳が必要になるので、自然に翻訳へ向かって行くのかもしれません。それに比較すると、日本の作家で翻訳をする方は少ないですね。

翻訳文学はなぜ読まれなくなったのか

水村 もう日本語も国語としてきっちり成立したし、それにこれだけ言語的に孤立しているとなかなかそこまで手が回らないというところがありますね。

さて、最後になまぐさい市場の話ですが、ご存じのように、アメリカでは年間出版される本のうち、翻訳本の割合は三%、文学に限って言えばたったの〇・七%。しかも、日本語で書かれた本などからは哲学的・思索的なものなどは期待されていないという状況があります。

鴻巣 翻訳の「政治」ですね。

水村 いまや、個々の本が十五%の純利益を上げないといけないそうで、どういう本が翻訳されるかも、ますます市場次第ということになるでしょう。以前アメリカのペンクラブに呼ばれてニューヨークに行ったとき、ドイツの作家とアフリカの作家と私のパネルディスカッションがあったのですが、ドイツの作家は「作家なんだから書きたいことを書けばいい」と言い、私は「そんなわけにはいかない。日本人だったら、芸者について書いたら出版されるかもしれないけど、好きなことを書いたって出版されにくい」と話し、アフリカの作家は黙っていた。聴衆はドイツの作家の発言に拍手していましたが、後でそのアフリカの作家が「ドイツのあの作家はほんとうにナイーブだ」と言っていた。彼女自身まさにドイツに長いあいだ住んでいて、ドイツ語もできるインテリなのですが、幼いころのアフリカでの経験を書かないかぎり、アメリカの出版社は見向きもしてくれない、と。

鴻巣　日本人の作品は、ちょっとしたジャパネクスが入っていないとむずかしいということですね。

水村　そう。ロボットでもラーメンでも渋谷の交差点でもいいんです。しかも、日本人などが書いたものから小むずかしい内容は期待していないでしょう。だから、文章もパーッと読めるものでないといけない。すこし小むずかしい文章は、読みやすい文章になってしまったほうがいいんですね。

『本格小説』英語版に関わったイギリス人の編集者は、優秀な人で尊敬しているんですが、日本語がほとんど読めない。原文に引きずられないから、彼自身は、それを強みだと思ってるんです。それも一理ありますが、原文がどういうスタイルであるかにもうすこし関心をもって欲しかったなあ。フランス語やスペイン語の編集者は、もっと関心をもってくれた。こちらは苦労しているんですから。

鴻巣　スタイルを訳すという「苦行」は、私たち日本の翻訳者がわりと喜んでやることなんですけどね。「New Yorker」のフィクション部門の敏腕編集者デボラ・トリースマンが日本に来たときに話をしたんですけど、「翻訳はたいへんだ」という話にほとんどの人が同意してうなずきあっているのに、デボラだけは「あなたが自分でたいへんにしているんじゃないの。もっと簡単にしちゃえばいいのよ。長ければ削ればいいし」と言うんです。もういっそ爽快で。明治時代、島村抱月は「読んでいて引っかかりを感じるところに妙味があるものだ」みたいな霊妙なことを言ったものですが(笑)。

水村　英語圏ではそんなことが通じる状況ではないですね。日本ではどうなっているんでしょうか。

鴻巣　最近、海外文学危機説というのが流れています。日本でも、八〇年代、九〇年代から今世紀の初めまでは、翻訳文学でのベストセラーがたくさん出たんです。アゴタ・クリストフの『悪童日記』は累計百万部近く売れたとか。近年ほんとうに厳しくなってきたのは、もちろん出版不況もあるんですけど、もうひとつには、引っかかりのある異質なものに触れる妙味を快感として感じていた読者とは、教養主義というか、まだ西洋を仰ぎ見て自分をアップリフトしたいという知的欲求があった人で、いまやそんな層が薄くなってしまった、ということではないかと思うんです。無理をして何かを得ようと思わなくなっている傾向もあるのではないかと。水村さんがおっしゃった名言があって、〈文学の真理〉とは〈テキスト〉そのものを読まねばならない〈真理〉であって、べつの言葉に要約された〈テキストブック〉で学べる類の〈真理〉ではないのだ、と。

水村　『日本語が亡びるとき』で書いた、〈テキスト〉と〈テキストブック〉のちがいですね。

鴻巣　〈テキストブック〉にして要約できるものは、いまも読まれています。だけど、〈テキスト〉を一語一語体験しに行こうなんて非効率なことを、しかも翻訳文学という岩山を登るような行為を体験しようなんて、「えー、大変だなあ」と敬遠されているのかもしれない。

水村　読書がむずかしいものだという概念は、漢籍を読んでいた人たちにはありましたよね。それがなくなり、本は寝っ転がって読むものとなると、どんどん簡単なものにならざるをえない。自国文学はいちばん簡単でしょう。

鴻巣　翻訳文学が売れないのは反知性的で文化の失墜という見方もあるいっぽう、ある種、日本の地位の上昇だと捉えて、「もう私たちは海外のものを読む必要がないんだ」と思っている人もいるような気がします。

水村　アメリカ人みたいですね。当然ですが、アメリカ人のほとんどは、意識もせずに、そう考えています。英語は普遍言語として、もうtipping pointを超えてしまったと思います。今後アメリカの国力に関係なく、英語は覇権的でありつづける。意味のあることは英語で書かれているだろうという無意識の前提がアメリカ人にあるのは、そのせいでしょう。自分の母国語のなかで充足している。

鴻巣　そんな妙に強気な態度まで、日本はアメリカナイズされなくてもいいのにと思います。日本語は言語人口的にはヨーロッパの小国、たとえばオランダ語よりはずっと多いですけど、言語覇権の強さで言ったら、まだまだ小さいですから。

水村　頑張らなきゃいけないですよね。

鴻巣　でも最近、翻訳が出る速さではよそに負けているらしいです。アメリカも翻訳専門の出版社がＮＹＣや大学都市のあたりにたくさんでき、Amazon Crossingも組織的に翻訳しているので速いし、広範囲にカバーしていますね。

水村　そうなんですか。日本は翻訳文学が充実していることで知られているんですから、翻訳立国でありつづけてくれるのを祈るのみです。今後もぜひお願いしますね。

「すばる」（二〇一五年五月号）に初出掲載された対談に加筆修正をしています。

THE ARABIAN NIGHTS

星野智幸

鴻巣友季子

星野智幸（ほしの・ともゆき）
ロサンゼルス生まれ。新聞社勤務ののちメキシコに留学。1997年「最後の吐息」（文藝賞）でデビュー。著作に『目覚めよと人魚は歌う』（三島由紀夫賞）、『ファンタジスタ』（野間文芸新人賞）、『俺俺』（大江健三郎賞）、『夜は終わらない』（読売文学賞）、『呪文』ほか多数。共訳書に『サッカーと11の寓話』。

one set me free, I entered upon the second five score
saying, "Whoso shall release me, for him I will open
the hoards of the earth." 5 Still no one set me free and
thus four hundred years passed away. 6 Then quoth I,
"Whoso shall release me, for him will I fulfil three
wishes." 7 Yet no one set me free. 8 Thereupon I waxed
wroth with exceeding wrath and said to myself,
"Whoso shall release me from this time forth, him will
I slay and I will give him choice of what death he will
die; and now, as thou hast released me, I give thee full
choice of deaths."

THE ARABIAN NIGHTS

translated by Sir Richard Francis Burton

[1]Thereupon quoth the Jinni, "Know, that I am one among the heretical Jann and I sinned against Sulayman, David-son (on the twain be peace!) I together with the famous Sakhr al-Jinni; whereupon the Prophet sent his minister, Asaf son of Barkhiya, to seize me; and this Wazir brought me against my will and led me in bonds to him (I being downcast despite my nose) and he placed me standing before him like a suppliant. [2]When Sulayman saw me, he took refuge with Allah and bade me embrace the True Faith and obey his behests; but I refused, so sending for this cucurbit he shut me up therein, and stopped it over with lead whereon he impressed the Most Hight Name, and gave his orders to the Jann who carried me off, and cast me into the midmost of the ocean. [3]There I abode an hundred years, during which I said in my heart, "Whoso shall release me, him will I enrich for ever and ever." [4]But the full century went by and, when no

sin que nadie me liberase y entré en las segundas diez
décadas diciendo: 'Para aquel que me libere yo abriré
los tesoros de la tierra'. [5]Pero nadie me liberó y así
pasaron cuatrocientos años. [6]Entonces dije: 'A aquel
que me libere le satisfaré tres deseos'. [7]Pero nadie me
liberó.

De modo que me encolericé sobremanera y me dije: 'A aquel que me libere a partir de ahora le daré muerte y le permitiré elegir la muerte de que quiera morir', y puesto que tú me has liberado te doy a elegir la clase de muerte que quieras».

Las Mil y Una Noches Según Bruton

translated by Jesús Cabanillas

[1]Dijo entonces el *jinni*: «Has de saber que soy uno de los heréticos *jann* y que pequé contra Salomón, hijo de David (¡la paz con los dos!), junto con el famoso Sakhr alJinni, por lo que el profeta envió a su ministro Assaf, hijo de Barkhiyá, a prenderme, y este *wazir* me llevó, en contra de mi voluntad, y me condujo cautivo ante él en condición de suplicante. [2]Al verme, Salomón invocó la protección de Alá y me conminó a abrazar la Verdadera Fe y a obedecer sus mandatos, pero yo me negué, así que mandó traer este pepino, me encerró dentro y lo tapó con plomo sobre el cual estampó el Nombre del Altísimo y dio órdenes al *jann* de que me llevara y me arrojase a lo más profundo del océano. [3]Allí moré durante un centenar de años, durante los cuales me decía: 'A aquel que me libere le haré rico para siempre'. [4]Pero transcurrió todo el siglo

『アラビアンナイト』より「漁師と魔神」

　そしてジンニは言った。
「聞くがよい、俺はあの異端のジャン一族の一人で、かの名高きシャクル・アル・ジンニと二人して、ダヴィデの息子ソロモン（ともに安らかに眠れ！）に邪を働いたのだ。そこで預言者ソロモンはバルキャーの息子、大臣アサフを遣わし、俺をつかまえた。抵抗する俺をこのワジル（大臣）は引っ立て、拘束し、惨めな囚人として王に差し出した。ソロモンは俺を見ると、アッラーのご加護あれと唱え、正しい信仰を抱き王の秩序に従うよう迫った。だが俺が拒んだため、このひょうたん型の壷を持ってこさせると、俺を中に閉じ込め、鉛で封をし、その上に至高のお方の名を刻み、ジャンに命じて、俺の入った瓶を大海原の底の底に沈めさせた。そこで過ごした最初の百年、『俺を自由にしてくれた者は、一生、金持ちにしてやるぞ』と俺はつぶやいた。けれど、誰も俺を自由にすることのないまま、まる一世紀が過ぎた。次の百年はこう言い続けた。『俺を自由にしてくれた者には、大地の宝物殿を開けてやろう』。それでも俺を自由にする者はおらず、かくして四百年が過ぎていった。そこで、俺は言った。『俺を自由にしてくれた者には、三つの願いを叶えてやろう』。だが誰も来ない。俺は常軌を逸した怒りに駆られ、『今からこっち、俺を自由にした者には、死を与えてやる。そして、死にたいと思う死に方を選ばせてやる』と言った。おまえは俺を自由にしたのだから、おまえが望むようなたぐいの死に方を選ばせてやる」

（星野智幸・訳）

『亜羅毘暗那威斗』

さて、それを聞いた霊魔（ジニー）の云うことには、

「てかさ、おれは魔道の使者ってやつなわけよ。ダヴィデの息子でスレイマンっているべ？　あいつにも、サフルって有名なダチとぐるになって、けっこうやべえことしてよ（ダヴィデおやじも息子も乙！）したっけ、この預言者のやつ、バルビヤの息子のアサフっての？　なんか使いの者をトバしておれは捕まったのな。そんで、このえらいさんにおれはしょっぴかれて、ぐるんぐるんに縛られてスレイマンとこに連れてかれてよ、まあ、さすがのおれもしょうがねえから下向いて、やつの前にスゲー哀れな感じで立たされたわけよ。したら、スレイマンのやつ、おれを見たらいきなし『アラーのお力を』みたいなノリになって、『真の信仰を奉じ、予の命に従え』とかってゆってきたけど、無理っつって断った。したら、あいつヒョウタンかなんか持ってこさせて、そこにおれを閉じこめるんだぜ、マジでヒョウタンだぜ？　鉛でふたまでしゃがってよ、その上に『御名御璽（ぎょめいぎょじ）』だっけ？　そんなハンコまで押しちゃいやんの。で、手下にヒョウタンごと運ばせて、海のまんなかにほっぽりだすじゃねえかよ、オイ。

てなわけで、おれはそこで百年ぐらい暮らしたっけな。で、毎日、『おいらをここから出してくれるやつがいたら、一生カネには困らせねえのによ』って思いながら、まるっと一世紀たっちまって、なのにちっとも助けがこねえじゃねえかよ、オイ。つぎの百年も、『おいらをここから出してくれたやつには、大地のお宝をくれてやんのにな』と思いながら、やっぱしだれもこねえでやんの。そんなんで四百年も過ぎちまったんで、そこでおれはこう言ったね。『おいらをここから出してくれたやつには、三つのお願いかなえてやるぜ』。なのに、だれもきやしねえ。これには、さすがのおれもドタマにきてブチ切れた。『これからは、おいらをここから出したやつはコロス。死に方は選ばせちゃる』ってところで、おめえが出してくれちまったわけよ。死に方はお好みでチョイスな」（鴻巣友季子・訳）

『千夜一夜物語』

ここで霊魔が云うことには、「よいか、吾輩は魔道の遣い、名にし負う魔神のサクルと手を組み、ダヴィデの息子にして賢者ソロモンを陥れたのも吾輩だ（ふたりとも安らかに眠らんことを！）。さするに、この預言者は吾輩を捕らえようと、バルビヤの倅アサフなる遣いをよこした。この御仁に縛りあげられ、力ずくでソロモンの元へ引き立てられ（鼻柱の強い吾輩も仕様なく項垂れた）、賢者に命をあずける恰好でその面前に立たされた。ソロモンは吾輩の姿を見るなり、「アラーのご加護を」と唱え、誠(まこと)心の信仰をもち、アラーの命(めい)に従うべしと説いた。しかし吾輩がそれを突き撥ねたため、ソロモンは瓢箪を取りにいかせ、その中に吾輩を閉じこめたうえ、鉛で蓋をし、いと尊き神の名で封印したのだ。それから魔族の下臣に命じて、瓢箪ごと運ばせ、海原の只中へと投げこませた。吾輩はそこで百年も暮らし、独り呟いたものだ。『ここから出してくれた者は、誰であれ生涯富ませてやろう』しかし丸まる一世紀が経ち、解放者が現れぬまま、次の百年に入り、吾輩はこう呟いた。『誰であれここから出してくれた者には、秘宝の埋蔵所を教えてやるものを』それでも助けは現れず、そうこうするうちに四百年が過ぎてしまった。そこで吾輩は心に誓った。『誰であれここから出してくれるなら、三つの願いをかなえてやろうぞ』そこまで思っておるのに、だれも助けにこない。吾輩、ついに怒り心頭に発して憤激し、こう独りごちた。『今後は、誰であれ吾輩をここから出した者は、殺(し)す。死に様(よう)だけは選ばせてやろう。斯く決めたところで、そなたが解放してくれたのだ。死に方はいかようにも選べるぞよ』

（鴻巣友季子・訳）

ノーマル翻訳バージョン

鴻巣　星野さんとの『翻訳問答』のテキストは『アラビアンナイト』です。星野さんは『夜は終わらない』で、現代の『アラビアンナイト』をお書きになった方ですのでとても楽しみです。それではお手柔らかに願います。

星野　こちらこそよろしくお願いします。鴻巣さんの冒頭は「さて、それを聞いた霊魔(ジニー)の云うことには、／「てかさ、おれは魔道の使者ってやつなわけよ」と来ましたか……。

鴻巣　わぁ、ごめんなさい、今回は掟破りです。どうして北関東あたりの(?)このヤンキー文体(?)が降りてきたのか不明なのですが、文章が妙にいかめしいのに内容は意外とみみっちいと言いますか。うーん、えらいんだかえらくないんだか、どっちなんだというアンバランスさがあります。

星野　意表を突かれました。

鴻巣　すみません、今回私はアラビア語刊本の英訳を日本語に訳し、星野さんはその英訳のさらにスペイン語訳を日本語に訳すことになるので、翻訳の翻訳(の翻訳)、重(々)訳です。

もう原文から、どれだけ遠くへ行けるかという試みでもあります（笑）。

星野　いやいや、僕もジンニのイメージから汚い訳のほうが合うと思ったので、鴻巣さんの訳は納得しました。僕はあまり弾けた訳にはしませんでしたが、気分としてもうちょっと弾けても良かったかな。

鴻巣　星野さんの訳は「そしてジンニは言った。／「聞くがよい、俺はあの異端のジャン一族の一人で、かの名高きシャクル・アル・ジンニと二人して、ダヴィデの息子ソロモン（とこもに安らかに眠れ！）に邪を働いたのだ」です。めちゃめちゃ格好いいですね。

もっともエロティシズムが強調された訳

鴻巣　星野さんはメキシコ・シティにも留学なさっていますね。今日は、スペイン語から訳してらっしゃいます。英語、スペイン語、韓国語とできるマルチリンガルの星野さんに広い視野でいろいろと教えてもらいたいと思います。

星野　『アラビアンナイト』はアラビア語のほか、英語、フランス語、スペイン語など世界中で訳されています。英訳はレイン版やペイン版、バートン版などがありますが、そのなかでもイギリスの探検家だったリチャード・バートンが訳したバートン版は、エロティシズムがもっとも強調された訳だと言われています。バートン版とともに世界でよく読まれているマルドリュス版（フランス語）も、あからさまなエロ小説なのですが、バートン版はさらに激しいです。バートンはもともと山師のようなこともしていたそうなので、辺境の地でエキゾチックな女の世界を求めていたのかもしれません。

鴻巣　バートンはかなり変わり者の冒険家だったそうですね。翻訳って「人」が出るからおもしろいし怖いですね。

星野　原文がなければ「作品の性格上、どうしてもこの言葉を選ばざるをえなかった」と作品のせいにして逃げる余地がありますが、翻訳は原文というアリバイがあるため、より言葉の選択に目がいくので困ります。

鴻巣　「原文はアリバイ」って言い得て妙だなあ。星野さんはバートン版とスペイン語版を両方参照されたと思いますが、英語版とスペイン語版はどれくらい近い、あるいはどれくらい遠いのでしょうか。

星野　いちおう、英語版もちらっと見ましたけれども一部だけ省略されている部分があるくらいで、おそらく同じかと思います。

鴻巣　どこが抜けていますか？

星野　英語でいうと、(I being downcast despite my nose) というところです。

鴻巣　バートン版から訳している大場正史さんが「(おれはしようとことなく、うちしおれていたさ)」と訳している箇所ですね。翻訳する箇所は星野さんに選んでいただいたのですが、ここを選ばれたのは何か理由があるんですか？

星野　端的に、僕の好きなジンニ(魔神)の登場する場面のなかで、もっとも訳しやすそうだったのと、最初のほうに出てくる有名なエピソードだったので。ジンニとかジン、その女版のジンニーヤ、ジンナなどは、「アラジンと魔法のランプ」の魔神としても有名ですし、今回選んだ箇所はジンニっぽさがよく出ているので。

鴻巣　『夜は終わらない』でも大活躍しますが、ジンニに対して何か思い入れがあるのでしょうか。

星野　『アラビアンナイト』に登場する者たちのなかでいちばん好きですね。キリスト教では、悪魔は堕落した存在であると烙印を押されているので、堅苦しい気がしますが、『アラビアンナイト』のジンニはとても自由。魔法が使えたり、何百年という単位の長さで平気で生きていたり、体の大きさも自由自在にできるのに、一度閉じ込められたら情けないことに何もできなかったり、アッラーを畏れる気持ちがものすごく強かったりする。まったく一貫性がないです。これはギリシャ神話に通じる部分があるのではないかと推量しています。キリスト教は罪を犯す／犯さないという価値基準が確立されているけれども、ジンニの世界は罪や罰で測れない邪な世界なんです。

鴻巣　いきなり、核心に触れるような話ですね。罪を犯し裁かれるという過ちではなく、邪な世界ということですか。

星野　そうです。『アラビアンナイト』に出てくるジンニの存在は人でもなければ、全能の存在でもない、中途半端でおかしな存在で、なんか共感するんですよ。

何かが抜け落ちた感覚が「てかさ」になる

鴻巣　それでは、さっそく内容に入って細かい部分を見ていきましょう。英語の冒頭文は「Thereupon quoth the Jinni」と、いきなり quoth が出てきます。この quoth は say の古い言いかたですが、スペイン語でも古風な文体を使っていますか？

星野　いや、ふつうのスペイン語ですね。Then, Jinni said という感じです。

鴻巣　続いて、Know, that I am one among the heretical Jann and I sinned against Sulayman, 私は Jann がわからなかったのですが、辞書を引くと「魔界の使者」と出てきました。これは何ですか？

星野　僕もくわしくわかりませんが、Jinni、Jann はアラビア神話、イスラム神話の生き物たちの呼びかたのバリエーションのようです。

鴻巣　Jinni と Jann は基本的に同じものを指していると考えていいでしょうか。

星野　ええ。魔神の種類も、色々あるのでしょう。アラビア語がわからないので、正確なことは言えないのですが。

鴻巣　Sulayman はソロモンのことですね。最近は〝スレイマン〟としてゲームのキャラクターなどにも出てきますが。

星野　Sulayman はソロモンのアラビア語表記です。スペイン語だと Salomón とそのままですが。

鴻巣　ソロモンは賢者ですが、日本語にしたとき「ソロモン」と「スレイマン」ではイメージされる世界がちがうなあ……より一般的な呼び名であるソロモンのほうがいいかもしれません。星野さんは今回の翻訳をするときに、文体をどの時点で決めましたか？

星野　カギカッコ内の最初の一文を読んだ時点で決めましたね。一文がカンマで続いているので、ズルズルズルズルと話している印象を受けました。それから、冒頭文から親しい人にしか使わない二人称を使っているのも特徴的です。

鴻巣　どこに出てきますか？

星野　冒頭文の quoth the Jinni, "Know, that……の Know に当たります。スペイン語だと Has de saber です。この Has が二人称単数の変化形になります。スペイン語は主語を省けるので、本来ならば You have to know であるところの You が抜けて、have to know になったということです。

鴻巣　そうか、アラビア語も人称による動詞活用や名詞などの格変化をもつ屈折語だから、当然主語が省けるのですよね。私はこの〝Know, that……〟に違和感を覚えました。ふつうであれば You know とはじまります。いきなり Know って、これ、なんだかおかしいですよ。原文の文章構造に引きずられていると思います。何かが抜け落ちた感覚を表現したために、私は「てかさ」になっちゃいました（笑）。

星野　そこがはじまりでしたか（笑）。

鴻巣　「てかさ」という言葉が出てきてしまったために、全体がヤンキー言葉(?)になってしまったのでしょう、そのまま挑むことにしました。

星野　なるほど。僕のちょっといかめしい印象と逆向きなんですね。

鴻巣　でもじつのところ、英訳はアラビア語版のフォームを反映しただけかも。

星野　Has de saber は親しい人か、相手を下に見た表現になります。相手を下に見た場合、「お前は知ってなくちゃならない」という意味となり、かなり上から目線になります。

鴻巣　それが、私の場合はスライドして、えらいんだかえらくないんだかわからん文体になってしまった(笑)。上から目線なのは、この英文からもなんとなくわかりますね。

みだらな翻訳

星野　アルゼンチンの作家、ホルヘ・ルイス・ボルヘスは『七つの夜』のなかで、バートン版の『アラビアンナイト』について「バートンの人類学的でみだらな翻訳は、部分的には十四世紀に属する奇妙な英語で書かれています」と語っています。

鴻巣　「みだらな翻訳」ですか(笑)。十四世紀は中英語(Middle English)になるので、まだ人称や数による語尾変化の屈折が残っていた。だから、主語を省いても理解できる場合もあったのかなあ。くわしく時期を見ないとわかりませんけど……。

星野　その可能性もあるかもしれませんね。

鴻巣　アラビア語に引きずられているのか、中英語のトレースなのかわかりませんが、どちらにしても現代の目で見ると何かやってやりたくなります(笑)。そして「その英語は古語や新造語に満ち、美しくないというわけではありませんが、ときに読みづらい」とボルヘスは続けていますね。たとえば、『風と共に去りぬ』も舞台は十九世紀中葉なので、あえて古めかしい言葉で訳した箇所もありますが、原文には一九三〇年代の新語も入っていてちぐはぐなんです。現在から見て古いテキストに入りこんだ新造語ってなかなか見つけにくいですね。どのみち〝古く〟なっていますし、単語じたいは古くからあってもイディオムとして新しいという場合もあります。

ところで、小説をお書きになる星野さんにお聞きしたいのですが、よく「最初の一行に巡り合ったときに全部が決まる」とおっしゃる方がいますが、星野さんは冒頭文についてどうお考えですか?

星野　全部が決まるとまでは思いませんが、まちがった書き出しかたをすると、全部がダメになると思います。僕の場合、世界観や人物、細部の設定をぼんやりと考えていると、急に最初の一文がヒューっと頭のなかに浮かんできます。そうなればそれは正解で、いつもそこから執筆活動がスタートします。

鴻巣　小説の書き出しをロックハーケン(登山で岩の割れ目に打ち込む釘)にたとえた方がいらっしゃいました。つまり、最初にハーケンの打ち込むところが見つかれば、小説を書くことができる。その最初に打ち込む場所が、主人公の名前だったり、はじめの一行だったり、台詞だったりするわけです。今回の場合、Has de saber が星野さんにとってハーケンを打ち込む場所だったのかなと。

星野　あまり意識していませんでしたが、まったくその通りですね。鴻巣さんは英語で読んでいて、冒頭文の他に気になるところがありましたか？

鴻巣　whoso や thou、hast は中英語を感じさせます。from this time forth も現代ならば from now on ぐらいでしょうか、すこし古い気がしますね。「ハムレット」の第四幕か何かの独白に出てくるし（鴻巣注・シェイクスピアの英語は分類としては初期近代英語）。近代英語（Modern English）に中英語が混じっている感じです。

星野　スペイン語版は英語ほど古風に書かれていませんから、ふつうに読めます。ただ、『アラビアンナイト』の原文とされているアラビア語はスペイン語の語源となる言葉が多くあるので、アラビア語の単語がスペイン語には妙にはまる気がします。

鴻巣　スペイン語はかなりアラビア語からの借用語が多いのでしょう？　文章の手触りとして、英語のなかにアラビア語があるよりもスペイン語のなかにあるほうがずっと馴染みますねえ。

星野　調べてみたら、アラビア語はアフロ・アジア語族のセム語派に属するようですよ。

鴻巣　セム語は子音が多い言語グループかな。音素的にスペイン語との相性は良いのかしら。

星野　僕はスペイン語版を朗読してみたのですが、とくにジンニの台詞がとてもリズムよく読めました。大きな声で朗読したくなりました。

鴻巣　バートン版の英語は……うーん(笑)。流麗というタイプの文章ではないですね。美しく朗読する自信はありません。冒頭文の分析だけでも、英語で読むかスペイン語で読むかで印象が変わることがわかりましたね。

evil や demonish は根源的な感じがする言葉

鴻巣　さて、一文目の I sinned against Sulayman を星野さんは「ソロモンに邪を働いた」としていますね。スペイン語では邪というと、どんな単語になりますか?

星野　pequé は pecar の過去形なので「罪を犯した」という意味になりますが、そのまま罪というよりも邪にしたくなりました。というのも、僕のなかでジンニのイメージが罪つくりというよりも邪な気がしたからです。

鴻巣　wrong か right かでは測れないものですね。邪というと evil や demonish という言葉が浮かびます。正誤というよりは、もうすこし根源的な感じがする言葉で、星野さんの文学観が凝縮しているようです。

星野　そうですかね(笑)。鴻巣さんも(on the twain be peace!) の peace を「乙!」とするのはさすがですよ。(ダヴィデおやじも息子も乙!)。

鴻巣　たがが外れております。

星野　おなじ箇所のスペイン語は、(¡la paz con los dos!) です。la paz は一般的に「平穏」と訳しますが、ジンのことを言っているので「安らかに（眠っている）」のほうがいいかなと思いました。そこで（ともに安らかに眠れ！）としました。ただ、paz という一語に対して日本語の「安らかに」は冗長な気がします。その点、「乙」は見事ですよ。paz と「乙」で文字まで韻を踏んでますし。

鴻巣 その発想はなかった（笑）。あ、paz は詩人オクタビオ・パス（Octavio Paz）の paz ですね？

星野 そうです。パスは「平和」という意味です。

鴻巣 オクタビオは8という意味ですよね。なんだか、末広がりなイメージですが。

星野 8番目の平和という意味ですね。綺麗な名前です。

鴻巣 次の whereupon the Prophet sent his minister の minister は英語で「大臣」か、「遣い」という意味にもなりますが。

星野 アラビア語で wazir になるのですが、『アラビアンナイト』のなかでは一般的に wazir は大臣を指すので、minister も然りということです。末は博士か大臣か、のような意味でお偉いさんを意味します。鴻巣さんの「えらいさん」という訳がいちばん合ってるかも。スペイン語版ではここはあえて原文のまま wazir とし斜体にしています。

鴻巣 じっさいの役職だけではなく、「よっ社長！」と言うときのような大人（たいじん）を指す言葉なのですね。カーネル・サンダースのカーネルも、米国南部で昔は、軍人階級や名誉大佐の他に年配男性をもち上げる敬称としても使われましたが。

星野 そうですね。とくに wazir は『アラビアンナイト』の頻出用語です。

鴻巣　それから、he placed me standing before him like a suppliant. の suppliant はすこし訳しにくい気がしました。ははぁ、英和辞書には「嘆願者」などとあるのですね。私は「みじめ」にしようか「あわれ」にしようか悩んだ結果、「やつの前にスゲー哀れな感じで立たされたわけよ」としました。星野さんは「惨めな囚人として王に差し出した」と「みじめ」のほうですね。他の方の訳を見てみると、大場正史訳では「まるで物乞いでもするかのようなかっこうで、相手の前に立たせられたのだ」と「物乞い」としています。

星野　スペイン語は suplicante なので「乞う」という意味です。

鴻巣　英語もスペイン語も大元はラテン語の supplicare（請う）のようですね。これも minister と同様に、じっさいの物乞いというよりは比喩的な意味なのかもしれません。物乞いというよりは命乞いのように思えます。

星野　そうですね。

鴻巣　もうひとつアラビア語原文が気になったのは、suppliant の前にある despite my nose の箇所です。たとえば、hold one's nose in the air なら「鼻高くして調子に乗っている」ですし、動詞だと「鼻突っ込む／おせっかい」という意味になります。だから、(I being downcast) despite my nose は「ふだんの威勢の良い俺らしくもなくうなだれて」ぐらいの意味なのかなと思いました。in spite of one's nose で「人の意に反して、意を退けて」という慣用句ですね。

星野　スペイン語版はこの文が抜けているのですが、英文だけを見ると「ふだんは鼻っぱしの強い俺だけども」という訳になるのかな。whereupon the Prophet sent からの文章は全体的にまどろっこしいですね。seize、brought、led、place など同じような意味の言葉が重なっています。

字幕は翻訳じゃない

鴻巣　英語は最初に結論を言ってから、細かい部分を描写する文章構造が基本的にあります。最初に「その日、彼女は遊びに出かけて一日楽しかった」と言ってから、カフェに行って、映画を見て、買い物をしてという具体的な行動を説明する。それを頭から訳すと、繰り返しに聞こえてわかりにくくなることもあります。とくにこの文章は seize me のあとのセミコロン（;）以降でじっさいのようすを具体的・補足的に説明する形なので、そのままの順序で訳すと、余計にわかりにくいです。

星野　セミコロンはそういう役割なのですね。スペイン語版にはセミコロンがないのでわかりづらかったです。こうした場合、鴻巣さんはある程度整理して訳しますか？

鴻巣　そうですね。縄でしばって→引っ立てて→誰かのところに連れて行くという順序になりますかね。それで「したっけ、この預言者のやつ、バルビヤの息子のアサフっての？　なんか使いの者をトバしてきておれは捕まったのな。そんで、このえらいさんにおれはしょっぴかれて、ぐるんぐるんに縛られてスレイマンとこに連れてかれてよ、まあ、さすがのおれもけっこう萎えたけど、やつの前にスゲー哀れな感じで立たされたわけよ」となりました。

星野　僕のほうは「そこで預言者ソロモンはバルキャーの息子、大臣アサフを遣わし、俺をつかまえた。抵抗する俺をこのワジル(大臣)は引っ立て、拘束し、惨めな囚人として王に差し出した」となりました。

鴻巣　私は訳す際、必要に応じて文章を入れ替えることもありますし、二文を一文にまとめることもあります。これは私だけに限ったことではないんですが、そうしたことを「意訳」と言われることもあるんですよ。

星野　外国文学を読まれている読者は目が高いいっぽう、過剰に反応しやすいところがありますね。

鴻巣　忠実な訳と逐語訳はちがうのですがね。わたしは意訳／直訳という言いかたは避けて「機能訳」と「形態訳」などと言っています。

星野　字幕翻訳はさらに批判されますよ。

鴻巣　星野さんは字幕翻訳もやっていらっしゃいましたね。

星野　一時期はメインの仕事でした。僕の字幕翻訳の師匠は「字幕は翻訳じゃない」といつも言っていました。解釈をあの少ない字数のなかに詰め込むので、一字一句翻訳できるわけがないのです。

鴻巣　逐語訳はとてもじゃないですができないジャンルですね。星野さんの御師匠さんは……

星野　太田直子さんです。『コンタクト』などを手がけています。

鴻巣　太田さんはたしか英語以外の言語も翻訳されていましたよね。

星野　英語をメインにされていますが、出自はロシア文学なので、本当はロシアものが得意です。

鴻巣　星野さんはどんな字幕作品を手がけましたか？

星野　ルイス・ブニュエル監督の『砂漠のシモン』は最近ブルーレイディスク化されました。この映画は撮影中に予算がなくなって、四十五分でいきなり終わる変な作品です（笑）。あとは、『ディープ・クリムゾン』というメキシコの映画も字幕を担当しました。この映画はアメリカのカルト作品『ハネムーン・キラーズ』をアルトゥーロ・リップステインというメキシコの監督がリメイクしたものです。原作よりも陰惨な仕上がりになって、おもしろい作品ですよ。

鴻巣　それは見てみたいですね。最近は映画のスクリーンに英語と日本語を対訳にして並べられるようになりましたが、字幕訳者はとても気を遣うという話です。

星野　日本語の字幕は可読時間を計算されて映されます。台詞一秒あたり四文字です。その字数制限が、翻訳者の創造性を生むわけです。英語の場合、スクリーンで話されている内容ほぼ全ての英文が出てくるので、読み切るのはたいへんですよね。

アラビア語版も西洋視線が入っている

鴻巣　日本の字幕は、職人芸というより芸術の域かなあ。ところが文学書となると、日本の読者には創造性はあまり歓迎されないように思います。

星野　片岡義男さんとの『翻訳問答』でも「透明な翻訳」のことが出てきましたね。

鴻巣　きっと読者が読みたいというか感じたいのは原文なのです。その補助装置として翻訳がほしいのです。〝海外文学のコア読者三千人説〟がありますが、その三千人の高度な要求だけに合わせていると、これから二千人、千人と読者が減ってしまわないか不安です。間口はあるていど広く取りつつ、作品として質の高い魅力的な訳文にしていかないといけませんね。

星野　サイレントマジョリティかどうか、翻訳を楽しんでいるコアでない読者は何も言わないので、読者の規模を測るのはむずかしいですね。

鴻巣　星野さんはネットのレビューなどはご覧になりますか？

星野　エゴサーチという言葉が存在する以前は、自分の作品に対する反応はうかがっていました。ただ、ある時期からどうでもよくなって、しなくなりました。自分の作品に対する建設的な意見があれば誰かが教えてくれるので、レビューを見る必要はないんですよね。自分の想定していなかった読みを指摘していただいた場合は、その後の創作活動に還元できるし、感銘を受けるけど、それ以外のものは必要ないかなと思って。

鴻巣　読者と作者の距離が近くなりすぎているのかもしれませんね。私自身、ブログやホームページを作っていなかったのは、インターネット上で読者からのレスポンスがあるだけで満足してしまう気がしたからです。ものを書く人は何か見えないものを相手に書くべきだなんてカッコいいことを考えていました。ただ、最近はそうも言っていられない時代になったので、twitter や facebook を使うようになりましたが。

星野 わかります。あまり読者を意識しすぎると変なサークルのなかに入ってしまう気がします。

鴻巣 外国文学もサークルをどこかで抜け出さないといけない。そういうこともあって、今回の翻訳問答はかなり自由に訳しました(笑)。

さて、星野さんは二文目の he took refuge with Allah にあたる部分を「アッラーのご加護あれ」と訳されていますね。

星野 スペイン語では invocó la protección de Alá と書かれているので、そう訳しました。直訳すると「アラーのご加護を祈祷した」となります。Invocar は「祈る」、protección は「ご加護」です。英文はすこしちがいますね。

鴻巣 take refuge は「頼ること・逃げ込むこと」を意味します。たとえば、He takes refuge alcohol. だと「彼は酒に逃げている／溺れている／慰めを見出す」という意味になります。take refuge in と invocaó la protection では重なる部分もありますが、微妙にちがいますね。

星野 invocaó la protección de Alá という文はイスラム教における常套句だと思います。

鴻巣 英語も take refuge in（信仰の対象）は定型です。「帰依する・頼る」。アラビア語ではなんというのかわかりませんが、ムスリムは I take (seek) refuge in Allah from Satern. という意味合いの文言をつねに唱えるのですね。スペイン語訳を見れば、「ご加護あれ」と訳すのが自然だとわかります。

星野 バートンはひねった表現が好きだったのかもしれませんね。あるいは、アラビア語を英訳すると、refugeという単語が合っていたのか。

鴻巣 アラビア語が読めないので確かめられないのですが。大場正史訳は「スライマンはおれを見ると、アラーの威光を笠にきて、正しい道にはいり、命令に従うように命じた」。

星野 フランス語のマルドリュス版を訳した佐藤正彰さんは「スレイマーンはアラーに誓言なさり」としています。神に誓って、という意味でしょうか。

鴻巣 スペイン語版は「アラーのご加護あれ」になるし、フランス語版は「アラーに宣言なさり」だし、英語版は「アラーの威光を笠にきて」になって、ちがいが明白ですね。

星野 大した場面でもないのに、なぜバリエーションが出るんでしょうか(笑)。

鴻巣 意味ありげにちがっていますね。英語版だとやはりキリスト教の世界観が知らないうちに反映されているのでしょうか。

星野 すべての版がアラビア語に忠実とも限りませんから、相違が出てきてしまうのでしょうね。それぞれ創作的な翻訳をしているのだと思います。

ガランが『アラビアンナイト』を編纂したのは一七〇〇年ごろですが、じつはアラビア語版が出版されたのはヨーロッパで出版された後でした。なので、逆輸入する形で『アラビアンナイト』は編纂されたわけです。アラビア語版も西洋目線が入っているかもしれないです。

鴻巣　なるほど！　本質的に翻訳というのは「未来の読み」を被ることになります。たとえば、一八〇〇年代の書物を現代語に訳す場合、どんなに調べて古めかしい言葉を使ったとしても、「現代の解釈」「現代の読み」を原典が被る。翻訳には、原典からすれば未来の視点が入ってくるのは必然です。『アラビアンナイト』には未来の読みが何重にも積み重なっているんでしょうね。

一神教になったら文学は死んでしまう

星野　この小説を読んだとき衝撃的だったのは、正式な原典がなくても小説は成立するということでした。もっといえば原典はどうでもいい。これまでも、ガランがもとにしたほんとうの原典を探す研究が行われています。しかし、僕は原典を突き詰めることにどれほどの意味があるのかと思います。ガランが編纂した『アラビアンナイト』に続いて、多くの翻訳が出版されて、もはやどれが原典なのかわからなくなった現状じたいが興味深い。『アラビアンナイト』という物語のおもしろさは、原典と翻訳の更新にあると思いました。

鴻巣　詩人の四元康祐さんは『偽詩人の世にも奇妙な栄光』という小説のなかで、「すべての詩は翻訳であり、模倣し合っている」というようなことを登場人物に語らせています。この一節は、星野さん的であり、ボルヘス的であり、アラビアンナイト的ではないでしょうか。『アラビアンナイト』の成立過程は、翻訳システムを体現していますね。

星野　広い意味で文学そのものです。

鴻巣　そして言葉の成り立ち、物語の成り立ちそのものですね。星野さんの『夜は終わらない』も日記から物語ができたのか、その逆なのか、どちらがオリジナルなのかわからないスリリングな場面があったと思います。

星野　あの小説じたいが真偽をテーマにしていますしね。

鴻巣　こんな世界の秘密を暴露しちゃダメじゃないと、翻訳者としてハラハラしました(笑)。

星野　模倣があるかぎり、文学に終わりはないと思います。

鴻巣　どこがはじまりというのがないのですよね。

星野　正当な原典を求めることは、排除を伴った〝正しい言葉〟を探究することになる。それでは多くの排除を生み出す「オリジナル原理主義」になってしまいます。

鴻巣　一神教のようですね。

星野　一神教になったら、文学は死んでしまいます。

鴻巣　文学と一神教的な考えは対立するところが多いと思います。もちろん、一神教の国でも多くの文学が書かれているわけですが。

星野　イスラム教とキリスト教は同じ一神教でありながら、まったく異なる文化を作り出していますから、そもそも一神教が成立するのかどうかも怪しいです。じっさい、両者はひとつの神から生まれた、二つの可能世界と言ってもいい。かたや『アラビアンナイト』を創り、片や『聖書』から多くの物語を作っていますね。それはとても一神教の世界とは思えない。

だから、時代と場所などの環境で更新され続けるものが文学だと思います。

鴻巣　ギリシャ、ローマの古典文学は原典研究が基本にありますね。西洋の文学はオリジナルに帰る・依るという姿勢が根本に強くあるのでしょう。

星野　『聖書』の言葉をひとつの原点として確定させて、正当な解釈を巡って議論がされた歴史がありますからね。

鴻巣　直訳や逐語訳というのも聖書を尊重する考えから生まれたものですし。

星野　仏典は無数にあるため、どれが正統かどうかについて議論されませんが、キリスト教は正統を決めるために会議までしている。カトリックという言葉じたいが「普遍的」という意味ですから。

鴻巣　この英文の第一文に heretical という言葉がありますね。I am one among the heretical Jann この heretical は「異端の」「異教の」という意味です。宗教改革のとき、『聖書』はギリシャ語から、あるいはラテン語からさまざまな言語に翻訳されて波及しますが、その時代、ドイツ語や英語など〝下位〟のローカル言語の翻訳版なんていうのは反対論者にすれば〝汚染〟そのものでした。つまり、ヘブライ語・ギリシャ語・ラテン語の聖書から、その他の言語に翻訳されたものは異端だとされ、時に翻訳者は処刑されるという時代があった。その点、日本は飛鳥時代以来、翻訳によって言語と社会が成立しているために、翻訳という行為を異端と捉える発想はないと思うのですが。

星野　感覚的にもそうですね。

鴻巣　『アラビアンナイト』という物語に原典があるのかないのか、よくわからないけれど、いまある『アラビアンナイト』には当時なかったものが含まれている。それがおもしろいという星野さんの指摘は翻訳の本質をついていると思います。

ボルヘスの創造的間違い？

星野　ボルヘスは翻訳によって新しい『アラビアンナイト』が付け加えられていくと語っていましたが、その点に関して彼のおもしろいエピソードがあります。今回のテクストのなかに、壺のなかに閉じ込められているジンニが「俺を自由にしてくれた者は……」という台詞を繰り返す場面がありますね。英語ですとWhoso shall release me, ボルヘスはその場面を次のように要約しています。「閉じ込められたまま四百年が過ぎ、魔神は自分を解き放ってくれる者に世界中の黄金をやることを誓いますが、何も起きません。そこで自分を解き放ってくれる者に小鳥の歌を教えてやろうと誓います」。でも原文を見てみると、「小鳥の歌」なんてジンニはひと言も言ってない（笑）。ボルヘスは勝手に創作しているんです。

鴻巣　スペイン語の何をどうまちがえたら、そんな翻訳になるんですか⁉

星野　ボルヘスは英語のバートン版を読んだはずなので、ただの記憶ちがいだと思います。

鴻巣　でも素敵なまちがいじゃないですか。

星野　でしょう？　これには驚いてしまいました。

鴻巣　ボルヘスはディ＝ジョヴァンニと共同で英文翻訳をしていた時期がありましたね。そのときも、学者が訳すボルヘス作品の英文と、ディ＝ジョヴァンニとボルヘスが共同訳した英文とではまったくちがいました。というより、ボルヘスたちの翻訳は原文とまったくちがったりするのです。自分で自分の文章を翻訳しているのに。とすると、『アラビアンナイト』でのまちがいも意図的なものなのか疑ってしまいますね。

星野　意図的に「小鳥の歌」としたかもしれませんね。

鴻巣　この英文から「小鳥の歌」まではかなりの距離ですね。I will open the hoards of the earth. の hoards を birds とまちがえたか。そんなことはないですよね。

星野　極めつけに彼はこう書いています。「アラジンの物語はガラン版にとどまりません。ド・クインシイはその自伝で『千一夜物語』のなかにはひとつ、他のよりも優れていると彼がみなす物語が含まれている、そして断然優れたその物語とはアラジンの物語であると言っているのです。彼は中国まで出かけるマグレブの魔術師のことを語っている。その魔術師は中国に魔法のランプを蘇らせることのできるただひとりの人間がいることを知っているのです。ガラン版のほうでは魔術師は占星師で、若者を捜しに中国へ行かなければならないことを星に告げられることになっている。つまり、創意溢れる記憶力のもち主であるド・クインシイはまったくちがうことを記憶していたのです」。

鴻巣　創意的記憶力をもっているのはあなたでしょ、ボルヘスさん、とつっこみたくなるわけで（笑）。

星野　つまり、ド・クインシイはアラジンの物語の細部を創造的にまちがえて記憶してしまった。そういう話はどのテクストにもない。「それは夢か記憶がド・クインシイにもたらした創作なのです。『千一夜物語』はまだ死んではいない。『千一夜物語』の無限の時間は、いまだにその道を歩み続けています」という言いかたをしているわけです。しかし、この言葉はそのボルヘス本人に言い返したい。ボルヘスだって「小鳥の歌」と、「創意溢れる記憶力」を発揮しているわけですから(笑)。

鴻巣　おもしろすぎますね(笑)。

星野　「小鳥の歌を教えてあげよう」という例が最高にいいんですよね。I will open the hoards of the earth. を僕は「大地の宝物殿を開けてやろう」と訳しましたけれども、こんな訳よりもボルヘスのほうが断然いい。

鴻巣　「小鳥の歌」を教えられて誰がうれしがるかわかりませんが、それまで並べられていたお金や宝の山などのプラティカルな身も蓋もない世知辛い例えと比べて思いきりフェーズがずれますね。

星野　あまりにもロマンチックすぎますけど(笑)。

原文と翻訳のあいだに詩がある

鴻巣　堀口大學がボードレールの詩を訳したときに、「雌牛の目が怖い」という意味の一節を

「雄牛の目が怖い」としたそうですが、たしかに雄牛にすることで喚起されるイメージがちがう。意図的なのか、ただの過失なのかがわからない間違いが生むポエジーがあって、それを含みながら翻訳文学史が発展してきました。翻訳抜きには文学が成立しないわけですから、そうした錯誤を生むファンタジーや妄想が文学を動かしている部分があると思います。

星野　意図か無意識かがわからないような錯誤が入ってくることが創造性だし、それによって動かされていることがあると思います。

鴻巣　だから、旧訳のまちがいを得々と指摘するのはなんかちがうと思う。錯誤によって、みんなが創造力を膨らませたり、あまやかな気持ちになったものをたんなる誤訳で片付けたくない気持ちがあります。

星野　渡辺一夫先生がラブレー『ガルガンチュワ物語』に出てくるコートの色を「羊羹色」と訳しているんです。フランスに羊羹はないだろうなと思うのですが、「羊羹色」という表現がとても素敵だなあと思って、なんとも言えないふしぎな気持ちになるわけです。

鴻巣　翻訳は過去と現在の二重写しでもあるし、虚構と現実の二重写しでもありますね。

星野　『アラビアンナイト』には、今回抜粋しなかったところでも、佐藤正彰訳によって物語の場面が膨らんだ場面がいくつもあります。たとえば、市場に行ったときの描写がおもしろい。市場にあるナッツや果実をいまならばカタカナ表記で片付けられるものが、巴旦杏(はたんきょう)や茴香(ういきょう)や麝香(じゃこう)などの漢字で表わされています。

鴻巣　巴旦杏は臭いものの例として昔の翻訳小説によく出てきました(笑)。

星野　その漢字の羅列を見るだけで、見知らぬ世界に入って行く気持ちになるんですよね。

鴻巣　星野さんがおっしゃっていることは、原文と翻訳のあいだに入ったときに詩が生まれる瞬間だと思います。原文か翻訳かのどちらかだけでは、その詩情は起動しないと思います。

ちょうど昨日、「ピンクのブロードクロスのカーテン」を日本語に訳そうと考えていました。何で迷ったかというと、ピンクという色。日本語のなかでピンクはカワイイというか、あまり雅趣のない言葉なんです。で、迷った末に伝統色の「浅緋（うすあけ）」と訳すことにしました。ブロードクロスは日本語で言えば「錦織」になるので、結局「浅緋の錦織のカーテン」とした。テクストの考証から言えば、この表現は変な訳です。和名ですから。ただ、そのルールを破ってもその言葉を使いたくなることがあります。「ピンクのブロードクロスのカーテン」と言ったほうが、現代の読者にはピンときやすいと思うのですが、錦織という漢字から立ち上がってくるものがあると思います。「一文無し」という言葉も、通貨単位がちがうのだからほんとうは使うのがおかしいのだけど、penniless を「一ペニーも持っていない」とするのではなく「一文無し」としたくなるときがあります。

星野　日本には「ペニー」はないから、説明くさい文になりますよね。「浅緋の錦織のカーテン」は、いいですね。俄然、奥行きが広がって豊かな気分になります。

鴻巣　今回『アラビアンナイト』を取り上げてみて、この物語が星野さんの世界観に密接に結びついていることがわかりました。『アラビアンナイト』は英文も翻訳だし、スペイン語も翻訳だし、それをさらに翻訳するわけですから。そしてアラビア語版がオリジナルなのかと言えば、それもオリジナルではないわけです。

星野　もともとインドの説話からとったという説もあったりね。

鴻巣　いまではむしろ英語版やフランス語版に影響されて編纂されることもある。村上春樹の『ねじまき鳥クロニクル』も、文庫版はジェイ・ルービンさんが訳した英訳版を参考にしてつくり直した。いわば逆輸入したそうですね。

星野　文学において守らなければならない規範はないので、逸脱が起こっていいのだと思います。『アラビアンナイト』はそうした文学の本質を体現しています。

金銀財宝ザクザクが大好き

星野　ところで、二文目の so sending for this cucurbit he shut me up therein, を鴻巣さんは「したら、あいつヒョウタンなんか持ってこさせて、そこにおれを閉じこめるんだぜ、まじでヒョウタンだぜ？」ですか。ヒョウタンとカタカナがいいですね。and stopped it over with lead whereon he impressesd the Most High Name, and gave his orders to the Jann who carried me off, and cast me into the midmost of the ocean. ここの文は「鉛でふたまでしやがってよ、その上に「御名御璽（ぎょめいぎょじ）」だっけ？　そんなハンコまで押しちゃいやんの。で、手下にヒョウタンごと運ばせて、海のまんなかにほっぽりだすじゃねすかよ、オイ」。御名御璽まで出てきます。

鴻巣　すごいアナクロニズムですし、掟破りです(笑)。

星野　それこそ、日本の天皇にしか使わない単語を、イスラム世界にもち込んでしまうおもしろさ。最後のところもおもしろいですね。"Whoso shall release me from this time forth, him will I stay and I will give him choice of what death he will die; and now, as thou hast released me, I give thee full choice of deaths."の箇所は、「これからは、おいらをここから出したやつはコロス。死に方は選ばせちゃる」ってところで、おめえが出してくれちまったわけよ。死に方はお好みでチョイスな」。笑ってしまいます。

鴻巣　「コロス」じゃなく、「ボコる」のほうがよかったかな(笑)。先ほどの the hoards of earth はスペイン語版だとどう表現していますか?

星野　英文とほぼ同じです。abriré los tesoros なので、文字通り「大地の宝物殿／宝物庫」という意味です。

鴻巣　「地面に埋まっているお宝」という意味ですか? それとも、大地がもたらしてくれるご利益という意味ですか? hoards には「埋蔵金」という意味があると思うのですが。

星野　それもあるでしょうね。『アラビアンナイト』では『アリババ』をはじめ、金銀財宝を隠した場所がやたらと出てきますから。もしくは、比喩的に金鉱や金脈などを指しているのかなと思います。僕は素直に『俺を自由にしてくれた者には、大地の宝物殿を開けてやろう』と訳しました。『アラビアンナイト』の世界は金銀財宝ザクザクがとにかく大好きです(笑)。農作物の豊かな土地ではないので。

鴻巣　hoards には大地の恵みという感じはしませんが、それが小鳥の歌になるから翻訳ってすてきです（笑）。その後の I waxed worth with exceeding wrath という一節は重複が多くて訳しにくかったです。wax で「怒る」という意味になりますが、さらに exceeding wrath と「度を超した怒り」と重ねているわけです。

星野　くどいですね。この一節のなかに複数の w と th の言葉が入っているのですが、何か韻を踏んでいるのでしょうか。

鴻巣　どうだ、詩的だろう、と言わんばかりですね。頭韻と脚韻。語の最初と最後で韻を踏んでいる。ここはバートンはこだわったのでしょうね。スペイン語ではどのように書かれているのですか。

星野　me encolericé sobremanera「異常なまでに激怒し」と、そのままですね。me en colericé は「怒り狂った」、sobremanera は「非常に」とか「道を外れた」。

鴻巣　en colericé は、ヒポクラテスがいった四体液質（血液、粘液、黄胆汁、黒胆汁）のうち、怒りやすい人が多くもっているとされた黄胆汁 choler からきている言葉ですね。

星野　はい。病気のコレラ Cholera も同じ語源です。ここを鴻巣さんは「ドタマにきてブチ切れた」で表現しているわけですね。

鴻巣　もうすこしくどくしてもいいかもしれません。「ドタマにきて超ムカついてブチ切れた」ぐらいでもいいかな。

星野　僕は「常軌を逸した怒りに駆られ」と、そうとうあっさり味です。

あらゆる創作は翻訳です

鴻巣 from this time forth を「今からこっち」としたのはうまいですね。私は「これからは」です。

星野 「こうなった暁には」としようと思ったのですが、ちょっと詩的すぎるかなと考えました。

鴻巣 「暁」はいい方向に進む場合に使われる言葉ですからね。

星野 I give thee full choice of deaths を「死に方はお好みでチョイスな」は上手すぎですよ。僕は「おまえが望むようなたぐいの死に方を選ばせてやる」です。

鴻巣 もっと遊んで「死に方は三択な」にしようかと思ったのですが、それだと full choice にならないなと思いました。

原文の喚起する何かがこれだけ翻訳をちがう世界へ誘ってしまうことに驚かされますね。とくに今回の『アラビアンナイト』訳は重訳なので、ほんとうは何と言っているのかわからない部分があります。隔靴掻痒感がますます妄想の入る余地を与えている気がします。

星野 そのぶん、気楽に逸脱できますね。

鴻巣 星野さんの訳は原文に忠実ですよ。

星野 小説版は逸脱の殿堂なんですけどね(笑)。鴻巣さんの翻訳文を読んで、こんなに遊んでいいのならば、もっと遊びたかったなあと思いまして(笑)。

鴻巣 すみませんでした。前もって要求するのは、星野さんの翻訳の幅を狭めることになってしまうので、申し上げませんでした。

星野　いやあ、ヤンキー訳を書かれてしまったら、そうそう届かないですよ。僕も小鳥の歌くらい忍ばせればよかったなあ……。「俺を自由にしてくれた者は、（この文章を）ボルヘスに読ませてやるぞ」とか書きたかった。

鴻巣　それ、抜群ですね。大昔の『アラビアンナイト』の世界に現代作家のボルヘスが出てくるというメタ構造のアラビアンナイト(笑)。どうせ翻訳というものじたいがメタ構造で成り立っているんですし。中英語なんて使っても大昔に書かれた『アラビアンナイト』を表現できるのか怪しいところです(笑)。

星野　じっさい、ボルヘスもどこの東洋をイメージすればいいのか悩んだそうです。彼自身は、東洋の世界について文献などから散々調べ上げたそうですが、それでも『アラビアンナイト』はテクスト上の架空の東洋であると言っています。

鴻巣　ボルヘスの翻訳観はそのまま彼の世界観を感じさせますね。

星野　彼は「物語中物語というのは、一種のめまいをともないほとんど無限に続く、面白い効果をもたらします。このことは、ずっと後の作家たちによって模倣されるのですが、そうして生まれたのがルイス・キャロルのアリス物や『シルヴィーとブルーノ』という小説で、そこでは夢のなかの夢が枝分かれし、数を増すのです」と書いています。「夢」や「数を増す」などの表現から彼のテーマがうかがえますね。

鴻巣　『アラビアンナイト』もそうですが、翻訳という行為そのものが永遠の循環ではありませんか。

星野　小説を書いているときにいつも僕が思うのは、小説を書くことは翻訳であるということです。いつも自分の脳のなかは言葉だけでできているわけではなく、五感すべて世界像を捉え想像している。それをすべて言葉にするわけですから、それは翻訳作業と同じことになります。あらゆる小説は翻訳であるとつねづね思っていましたが、今回『アラビアンナイト』を訳してみて、あらゆる創作は翻訳であり、重訳であると痛感しました。

鴻巣　そうなんです！　そうなんです！　星野さん、素晴らしい！

ヤンキー訳の話に戻って申し訳ないのですが、精神科医の斎藤環さんが書かれたヤンキー文化論を読んで、私は「ヤンキー文化とは原文のない重訳である」と書いたことがあります。ヤンキー文化は、何かよくわからない神話の積み重ねによってでき上がっています。前の世代を模倣したり、パロディにすることがヤンキー文化の神髄であるそうです。こんなところで、アラビアンナイトの重訳とヤンキーがつながるとは思ってもいませんでした(笑)。

ヤンキー翻訳の謎が解ける

星野　なぜ鴻巣さんにヤンキー文体が降ってきたのか、謎が解けました(笑)。重訳の創造性を明かすためだったんですね(笑)。

八〇年代のポストモダンの時代に「オリジナルなんてない」という主張が出回ったとき、

僕は良い意味でも悪い意味でも衝撃を受けました。つねに全能のオリジナルな作者でいるべきだという固定観念にとらわれていたので、ポストモダンは僕を自由にしてくれた。しかし、いっぽうで書いたものに対して作者が責任を取らなくてよい、という変な文化も生み出した気がしています。だから、あらゆる創作は重訳であるという感覚には、たしかにオリジナルを探して絶対視する必要はないけれど、僕の翻訳バージョンに責任があるという倫理も含まれていると思います。

鴻巣　私はヤンキー訳に対して責任があるわけですね（笑）。

星野　鴻巣さんの訳へのクレームをヤンキーにもって行くことは不可能で、窓口は鴻巣さんになるわけです。

鴻巣　あるいはバートンにもって行くことはできなくて、窓口は重訳者になるということですね。

星野　すべての人からヤンキー訳が出て来るわけではなく、このバージョンのヤンキー訳が出て来るのは鴻巣さんだけです。そこに鴻巣さんの創作性があるわけで、その創作性には責任を負うというか、体を張らなければならない。

鴻巣　翻訳文の多くはコピーライトを忘れられがちだと思います。この『アラビアンナイト』も、©Richard Burton ではなくて、©MASAFUMI OHBA となっています。『アラビアンナイト』を書いたのは誰かですし、編んだのはガラン、それを英訳したのはバートンですが、この重訳を行ったことに関する窓口は大場さんになっているわけですね。翻訳文に対する著作権をもつと同時に、翻訳文を自分の創作物として体を張るという意識を、翻訳者はもったほうがいい。現代の翻訳家は、原文に対し良く言えば謙虚で、翻訳者は黒子だと言い続けます。とはいえ、その訳者の著作であることに変わりない。

星野　誤訳に関するクレームを受けるという点だけでなく、翻訳の創作性に関しても責任を負うということを強調しておきたいですね。

『翻訳問答』第一弾で、片岡義男さんもおっしゃっていましたが、自分を表現したいと思って小説を書いている人は少なく、じっさいには自分を消したいからものを書く人が多いと思います。しかしそれは、でき上がった小説を「これは自分のものではないから、どう解釈してもけっこうです」ということを意味するわけではない。読者の読みに関して、読者の創造性を発揮するテクストとして読者に読んでほしいと思っているけれども、出て来たテクストに関して自分とはまったく無縁であるとも思わない。むしろ、自分の核心から出て来たものに変わりはないわけです。テクストが自分の核心から出て来たものであることと、自分の自我を脱した作品であることとは、両立するんです。

鴻巣　クロアチアの Mima Simic というレズビアン作家が、ある論争に巻き込まれたとき、こう言ったんです。「作者は作品の解釈の所有者ではあり得ないが、テクストの所有者にはちがいない」。自我が消えてはじめて出て来る自分の核心的な部分があるということですか。

自分が消えてゆく感覚の快楽

星野　これは小説でも詩でも、ある種の芸術を生み出す人は共通してもっている感覚なんじゃないでしょうか。片岡義男さんだけでなく村田沙耶香さんもそうおっしゃっていましたから。僕が翻訳をやっていて楽しいと思ったのは、自分の言葉ではなくて原文の言葉に自分がのっとられながら日本語を書くことで、自分が消えていくような感覚が快感だったからです。しかも、創作という行為をしている感覚もあった。だから、小説を書きたいならば、翻訳を本気でやることが大切だと思っています。

鴻巣さんは翻訳をしているとき、どんな感覚ですか？

鴻巣　私は完全にのっとられ型です。片岡さんは当てはめ主義といって、単語に対してもっとも近い意味を拾う「だけ」だとおっしゃるのですが、私は単語のかたまりから下りて来る。ある意味、自分が消えた状態だと思います。

小説家のかたは後から自分の文章を読んでみて、自分が書いたものと思えない、なんて思うことがありませんか？

星野　あります。とくに僕はよくあります。

鴻巣　私もそうなのですが、ゲラになった文章を読んで「自分の知らない言葉を書いている」と驚くことがあります。それは原文が触媒となって、自分がどこかにもっている言葉が無意識に出て来るのだと思います。小説家もおそらく何かを翻訳しているわけだから、書かせようとする何かがエージェントになって触発するのでしょうね。

星野　小説家にとってのエージェントは原文とはちがいますが、エージェントがあるからこそ小説もまた重訳になるんでしょうね。エージェントは言語ではない何かです。それを意識・無意識が混ざった領域でキャッチしながらものを書いているから、後で自分が書いたはずの文章が自分のものではないように感じるのかもしれません。

鴻巣　なにかを書くまでに、たくさんの翻訳を重ねているのですね。

星野　小説が書きあがったら、よく「この作品はどのような経緯で書かれたのですか」と聞かれます。でも、ほんとうは説明できない。重訳の結果なので、もとに何があったのかなんて説明できないわけです。しかも元がひとつとは限らない。でも、説明しなくてはいけないから、そこでさらに翻訳の行為が生まれてしまう。だから、いま話しているのはこの小説の解説ではない、ということが起こっている。まるでスタニスワフ・レムの『完全な真空』です。

鴻巣　存在しない小説に対する批評をしかも自分でするということですね。それはすごくよくわかります。

星野　この小説は自分にとって、こういう小説だ、ってことにしようと思って話しています。

鴻巣　自作を説明しようとすると、レムの『完全な真空』になってしまう――そうか、作者が自己言及すると、作品が消えちゃうんですね（笑）。

星野　これは翻訳にも言えることだと思います。小説に言えることは翻訳にも言えるし、翻訳に言えることは小説にも言える。詩もそうです。

鴻巣　興味深い考察です。でも、この話は翻訳の実践を通すから出て来た話題だと思います。スペイン語と英語ですが、いちおう同じ原文を共有することからなにか生々しい感触が生まれる。翻訳問答をやると、だいたい文学論や文化論に発展することが多いです。

星野　ええ、僕もここまで言語化して文学を根源的に考えることになろうとは、と驚いています。

鴻巣　原文が補助線としてあると、星野さんの世界観に橋渡しができるのですね。たとえば、インタビューのような形式で、「小説を書くときのことを教えていただきたいのですが」と聞いても、レムの例のような加工された文学観が出て来る可能性がありますね。

星野　今回は英語とスペイン語という異なる言語を扱ったので、重訳の深みを引き立ててくれましたね。研究書を読んだところ、『アラビアンナイト』の原語版には「アラジンと魔法のランプ」の話が載っていないそうです。この物語はガランが偽造したのではないかと指摘する人もいる。

鴻巣　え、もとから贋作ということですか。

星野　そうかもしれません。でも存在していたかどうかなんて、どうでもいいわけです。アラジンの話は『アラビアンナイト』のなかで、確実に物語全体のイメージを作り上げているのですから。

鴻巣　ほんとうに、私たちは原文の存在しない物語を翻訳し続けてきたわけですね。すごくスリリングなお話です。今日は星野さんから『アラビアンナイト』を通じて、文学や世界の成り立ちを教えていただきました。ありがとうございました。

あれっ、今日のこの対談も誰かが重訳したものじゃないですよね？

編集部より　カバー表記のThe Secret Garden of Creative Writing（創作のヒミツ）は鴻巣友季子訳です。

本書でふれた翻訳書および現代語訳など

I Am A Cat

Sōseki Natsume, *I am a Cat*, trans., Kan-ichi Ando, Hattori Shoten, 1909

夏目漱石　『漱石全集　第一巻』「吾輩は猫である」岩波書店、一九九三年

The Bumboo-Cutter And The Moon-Child

The Bamboo-Cutter and The Moon-Child, trans., Yei Theodora Ozaki, A.L.Burt Company, 1908

阪倉篤義校訂　『竹取物語』岩波文庫、一九七〇年

和田萬吉訳　『竹取物語・今昔物語・謡曲物語　№33』復刻日本児童文庫、一九八一年、所収

星新一訳　『竹取物語』角川文庫、一九八七年

川端康成訳　『現代語訳　竹取物語』河出文庫、二〇一三年

野口元大校注　『新潮日本古典集成〈新装版〉　竹取物語』新潮社、二〇一四年

The Snow Woman

Lafcadio Hearn, "The Snow Woman", in *KWAIDAN*, Tuttle Publishing, 1971

田部隆次訳　『小泉八雲全集第八巻　家庭版』「雪女」第一書房、一九三七年、所収

平川祐弘訳　『怪談・奇談』「雪女」講談社学術文庫、一九九〇年、所収
平井呈一訳　『怪談　不思議なことの物語と研究』「雪女」岩波文庫、一九六五年、所収
平井呈一訳　『怪談―小泉八雲怪奇短編集』「雪女」偕成社文庫、一九九一年、所収

Wuthering Heights

Emily Brontë, *Wuthering Heights*, 1847
阿部知二訳　『嵐が丘』岩波文庫、一九六〇年
鴻巣友季子訳　『嵐が丘』新潮文庫、二〇〇三年

The Arabian Nights

"The Fisherman and Jinni", in *The Arabian Nights*, trans., Sir Richard Burton, Ramdom House, 1977
Las Mil y Una Noches según Bruton, trans., Jesús Cabanillas, La Bibiloteca de Babel, 22 ed., Jorge Luis Borges, Madrid, Siruela, 1985.
佐藤正彰訳　『千一夜物語1』「漁師と魔神との物語」ちくま文庫、一九八八年、所収
大場正史訳　『バートン版　千夜一夜物語　第1巻』「漁師と魔人の物語」ちくま文庫、二〇〇三年、所収

本書に引用した夏目漱石『吾輩は猫である』の原文には、一般的に不適切と取られ得る表現が含まれる箇所がありますが、漱石の表記・表現を尊重する立場からあえて原文のままとしました。

鴻巣友季子（こうのす・ゆきこ）
東京生まれ。英語文学翻訳家。お茶の水女子大学修士課程在学中より翻訳・文筆活動を開始。J・M・クッツェー『恥辱』（ハヤカワepi文庫）、トマス・H・クック『緋色の記憶』（文春文庫）、ヴァージニア・ウルフ『灯台』（河出書房新社）など、手掛けた翻訳書は60冊以上。エミリー・ブロンテ『嵐が丘』（新潮文庫）の新訳が大きな注目を集める。2015年、マーガレット・ミッチェル『風と共に去りぬ』新訳（全5巻、新潮文庫）が刊行。ほかの著書に『全身翻訳家』（ちくま文庫）、『明治大正　翻訳ワンダーランド』（新潮新書）、『熟成する物語たち』（新潮社）、『翻訳教室　はじめの一歩』（ちくまプリマー新書）、『本の森、翻訳の泉』（作品社）、片岡義男との共著『翻訳問答』（左右社）などがある。毎日新聞書評委員。

翻訳問答2　創作のヒミツ

二〇一六年二月二十日　第一刷発行

著者　鴻巣友季子
発行者　小柳学
発行所　株式会社 左右社
東京都渋谷区渋谷二－七－六
TEL　〇三－三四八六－六五八三
FAX　〇三－三四八六－六五八四
装幀　奥野正次郎（pororoca）
カバー装画　いとう瞳
章扉装画　佐々木一澄
印刷　モリモト印刷株式会社
ISBN978-4-86528-132-3　Printed in Japan

片岡 Mr Heathcliff は、これがまたやっかいなわけだ。

鴻巣 どのへんがですか。

片岡 Mr をどうするかです。とりあえず僕は片仮名で「ミスタ」と書いています。日本語で読む人が抱く印象というものがあるわけで、ミスタと書いていたら、音引きがないだけ、多少のひっかかりを感じますよね。「ミスター」よりは少しだけ奇異な感じが出ます。ですから「ヒースクリフさん」とはせず「ミスタ・ヒースクリフ」にしました。

鴻巣 私は「ヒースクリフ氏」としました。私も「ミスター」とは書きません。書くとしたら「ミスタ」です。

片岡 「ミスター」と書いたらそれは長嶋茂雄のことですから(笑)。

鴻巣 次は「suspiciously」の部分ですね。when I beheld his black eyes withdraw so suspiciously under their brows, となっています。その後で、with a jealous resolution とあります。よく「ジェラシー」という和製英語が使われますが、jealous という言葉もじつは難しいですよね。

片岡 嫉妬とは別の、「用心深い」とか「疑い深い」という意味です。

鴻巣 翻訳講座をやるときも、こういうのがいちばん難しい。というのも、抽象名詞に形容詞が付いているんです。文法用語で「転位形容詞」といいますが、「決心」が jealous なのではなくヒースクリフが jealous なんですよね。

(本文より抜粋)

『翻訳問答3』刊行決定！　現在快調に問答中。